Cities are built to live in and not to look on.

Francis Bacon

Klaus Stefan Freyberger

DAS FORUM ROMANUM
Spiegel der Stadtgeschichte des antiken Rom

unter Mitarbeit von Christine Ertel

und mit Fotos von Heide Behrens

144 Seiten mit 63 Farb-, 9 Schwarzweißabbildungen und 29 Strichzeichnungen

Umschlagabbildung: dpa Picture Alliance / akg-images / Erich Lessing

Bibliografische Information der Deutschen Nationalbibliothek

Die Deutsche Nationalbibliothek verzeichnet diese Publikation in der
Deutschen Nationalbibliografie; detaillierte bibliografische Daten sind im Internet über
<http://dnb.d-nb.de> abrufbar.

Weitere Publikationen aus unserem Programm finden Sie unter:
www.zabern.de

© 2009 Verlag Philipp von Zabern, Mainz am Rhein
2., überarbeitete und erweiterte Auflage, © 2012 Verlag Philipp von Zabern,
Darmstadt/Mainz
ISBN: 978-3-8053-4471-5
Gestaltung: Ragnar Schön, Verlag Philipp von Zabern, Mainz am Rhein
Lektorat: Andrea Rottloff, Gersthofen
Druck: Himmer AG, Augsburg
Alle Rechte, insbesondere das der Übersetzung in fremde Sprachen, vorbehalten.
Ohne ausdrückliche Genehmigung des Verlages ist es auch nicht gestattet, dieses
Buch oder Teile daraus auf photomechanischem Wege (Photokopie, Mikrokopie)
zu vervielfältigen oder unter Verwendung elektronischer Systeme zu verarbeiten und
zu verbreiten.
Printed on fade resistant and archival quality paper (PH 7 neutral) · tcf

Lizenzausgabe für die WBG (Wissenschaftliche Buchgesellschaft), Darmstadt
Umschlaggestaltung: Peter Lohse, Heppenheim
Umschlagabbildung: Rom, Tempel der Venus und Roma. © akg-images / Tristan Lafranchis
ISBN 978-3-534-25234-3
www.wbg-wissenverbindet.de

Elektronisch sind folgende Ausgaben erhältlich:
eBook (PDF): 978-3-8053-4508-8 (Buchhandel)
eBook (PDF): 978-3-534-73184-8 (für Mitglieder der WBG)

Inhalt

Vorwort

Der Leser wird sich bei der Lektüre der vorliegenden Arbeit fragen, warum erneut ein Buch dem Forum Romanum in Rom gewidmet ist, obwohl es doch schon so viele Publikationen zu dieser Stätte gibt und ohnehin schon alles bekannt ist. Auf den ersten Blick scheint die Frage berechtigt zu sein, sind doch bis heute unzählig viele Beiträge über das Forum und dessen Monumente geschrieben worden. Eine nähere Betrachtung der wissenschaftlichen Veröffentlichungen und auch der allgemeinen Literatur zu diesem Thema zeigt aber, dass es nur wenige Gesamtdarstellungen über das Forum Romanum gibt, die nicht nur für den Altertumswissenschaftler, sondern auch für den interessierten Laien brauchbar sind. In den zahlreich erschienenen Führern werden vorwiegend die verschiedenen Bauwerke und Monumente beschrieben, ohne dass aber die Nutzungsgeschichte des Forums und dessen verschiedene Funktionsbereiche zusammenhängend dargestellt sind.

Von den zahlreichen Studien sind vor allem drei Arbeiten aus dem Bereich der Altertumswissenschaften zu nennen, die wesentliche Erkenntnisse lieferten und bis heute unsere Vorstellungen über das Forum Romanum prägten. Die älteste stammt von C. Huelsen, einem Schüler von Th. Mommsen, der in seinem Werk über das Forum Romanum[1] im ersten Teil einen historischen Überblick von den Anfängen in der Antike bis zu den Ausgrabungen in der Neuzeit gibt, ehe er im zweiten Teil die Monumente katalogartig beschreibt und erörtert. Die aus der Sicht eines Althistorikers gelieferte Gesamtschau geht primär von den schriftlichen Zeugnissen antiker Autoren aus, wobei aber auch die Monumente und die in seiner Zeit neuesten Grabungsergebnisse miteinbezogen wurden. Einen anderen Ansatz liefert die entschieden jüngere Studie von P. Zanker über das Forum Romanum aus dem Jahr 1972[2]. Ausgehend von einer Analyse der archäologischen Zeugnisse, die durch die Monumente und deren Ausstattung gegeben sind, werden die verschiedenen Phasen des Forums und damit verbunden dessen Wandel von der Republik bis in die Spätantike rekonstruiert und erörtert, wobei der Schwerpunkt auf der augusteischen Phase liegt. Dabei zeigt der Autor nicht nur die funktionalen Zusammenhänge zwischen den Bau- und Bildwerken auf, sondern auch die inhaltlichen und programmatischen Aussagen, die mit den Intentionen ihrer Besteller eng verbunden sind. Die wohl umfassendste Studie über das Forum Romanum ist die zweibändige Publikation von F. Coarelli[3]. Dem Autor kommt das große Verdienst zu, dass er alle bekannten schriftlichen Zeugnisse zu den Bauten des Forums zusammengestellt und sie mit den Ergebnissen, die aus archäologischen Untersuchungen in jüngerer Zeit gewonnen wurden, konfrontiert hat. Obwohl unsere Erkenntnisse über das Forum Romanum durch zahlreiche

1 Ch. Huelsen, *Das Forum Romanum. Seine Geschichte und seine Denkmäler* (1905).
2 P. Zanker, *Forum Romanum. Die Neugestaltung durch Augustus* (1972).
3 F. Coarelli, *Il Foro Romano I. Periodo Archaico* (1983); *Il Foro Romano II. Periodo Repubblicano e Augusteo* (1985).

neue Forschungen beträchtlich angewachsen sind, zeigt der Forschungsstand noch große Lücken, insbesondere bei den Großbauten, die nach den heutigen Maßstäben moderner Untersuchungsmethoden unzulänglich dokumentiert und archäologisch kaum ausgewertet sind. Diese Mängel fordern gerade zu auf, sich auch zukünftig gewinnbringend mit dem Forum Romanum zu beschäftigen. Aus den archäologischen Befunden sollen Aussagen gewonnen werden, wie die Menschen in der Antike auf dem Forum agiert, gelebt und ihre Interessen vertreten haben. Auf diese Weise sind die Bauten nicht nur als historische Zeugnisse für das Forum Romanum zu werten, sondern sie machen diese Stätte auch zu einem Spiegelbild der Stadtgeschichte des antiken Rom.

Die von dem Autor in jüngster Zeit unternommenen Studien zum Forum Romanum führten immer wieder zur Frage nach der Herausbildung der sakralen Topographie im Zentrum des antiken Roms. Eine Antwort darauf ist nur möglich, wenn in der archäologischen Forschung der topographische Zusammenhang zwischen dem Forum Romanum, dem Kapitol und dem Gebiet der späteren Kaiserfora genauer geklärt werden könnte. Das Verständnis für die gewachsene Verbindung dieser Bereiche ging verloren, als im Faschismus diese Komplexe voneinander isoliert und als einzelne Denkmäler konserviert wurden. Diesem Aspekt trägt der Appendix in der zweiten Auflage Rechnung, in dem vor allem die sakrale Bebauung im Zentrum des republikanischen Roms thematisiert wird.

Namentlich danken möchte ich allen voran Christine Ertel für die Betreuung und Zeichenarbeiten der Pläne sowie Heide Behrens für die Herstellung der Fotografien. Mein großer Dank gilt auch Irene Iacopi sowie Maria Antonietta Tomei, Rosanna Friggeri, Stefania Trevisan, Maurizio Rulli und Bruno Angeli, ohne deren Unterstützung die Arbeit nicht zustande gekommen wäre. Für die kooperative Zusammenarbeit seien dankend genannt Arwa Darwish, Sofia Ferri, Daniela Gauss, Alessandra Ridolfi, Kathrin Tacke und Josefine Telemann. Dankenswerte Anregungen und Ratschläge lieferten Hugo Brandenburg, Matthias Grawehr, Uta Hassler, Henner von Hesberg, Alexander von Kienling und Johannes Lipps. Annette Nünnerich-Asmus ermunterte mich in dankenswerter Weise dazu, dieses Buch für die Reihe „Zaberns Bildbände zur Archäologie" zu schreiben. Schließlich möchte ich Jürgen Kron für die Anregungen zu Ergänzungsarbeiten für die zweite Auflage danken.

Rom, im Januar 2012
Klaus Stefan Freyberger

Von den Anfängen bis zum Ende der Königszeit (10. Jh. v. Chr. – 509 v. Chr.)

Der Wandel des Forumstals von der Nekropole zur Siedlung

Das Forum Romanum, das in republikanischer Zeit politisches, religiöses und ökonomisches Zentrum der römischen Welt wurde, war in seinem ursprünglichen Zustand eine Talsenke, die zwischen dem Kapitol im Westen, dem Palatin und der Velia im Süden sowie den Hängen des Quirinal und des Viminal im Norden verlief (Abb. 1. 2). Zahlreiche Quellen und ein Bach, das Velabrum, durchflossen einst die Niederung und machten sie zu einem unwirtlichen Sumpfgebiet. Bis zur Mitte des 8. Jhs. v. Chr. wurde das Areal als Begräbnisplatz genutzt, während die Siedlungen sich auf den umliegenden Hügeln befanden. Die Hauptachse des Tals war die Via Sacra, die als Grenzlinie zwischen den Siedlungen im Süden und Norden fungierte. Die südliche Seite der Straße entspricht wohl dem antiken Pomerium, der Stadtgrenze. In diesem Bereich finden sich Bauwerke aus archaischer Zeit (7./6. Jh. v. Chr.) wie die Regia und das Heiligtum der Vesta (vgl. Abb. 1 [12. 14]), während nördlich der Straße der Begräbnisplatz liegt. Auf die Grenzsituation verweist nicht nur die Bezeichnung „Via" für extraurbane Straßen, sondern vor allem der Grenzcharakter mehrerer Kultstätten, die auf beiden Seiten der Via Sacra und im Bereich des zentralen Forumsplatzes feststellbar sind. Zu den bekanntesten Heiligtümern gehört das Sacellum der Venus Cloacina zwischen der Basilica Aemilia und der Nordseite der Via Sacra (vgl. Abb. 1 [5]. 4). An diesem Grenzort sollen nach der mythologischen Überlieferung Romulus und der Sabinerkönig Titus Tatius, die beiden Kontrahenten im Krieg zwischen den Sabinern und Römern, einen Waffenstillstand geschlossen haben. Kern der Aussage des Mythos ist der Zusammenschluss der am Forumstal angrenzenden Gemeinwesen. Dieser Synoikismos war eine der wesentlichen Voraussetzungen für die Gründung der Stadt Rom und damit verbunden für die Urbanisierung des Forum Romanum. Der Vereinigungsprozess wird vor allem durch den von Tarquinius Priscus begonnenen Bau des Tempels des Iuppiter Optimus Maximus auf dem Kapitol religiös sanktioniert. In jüngster Zeit wurden noch elf weitere kleine Heiligtümer vor der Südseite der Basilica Aemilia entdeckt, die zusammen mit dem Sacellum der Venus Cloacina den Nordrand der Via Sacra säumen (vgl. Abb. 1 [6. 7]). Die einfache Gestaltung und die bescheidenen Dimensionen der etwa 2 x 3 m großen, mit einer Brüstung umfassten Bezirke verleihen den Sakralbauten einen ländlichen Charakter. Die mit ihrer Langseite zum Forumsplatz ausgerichteten Kultstätten hatten ih-

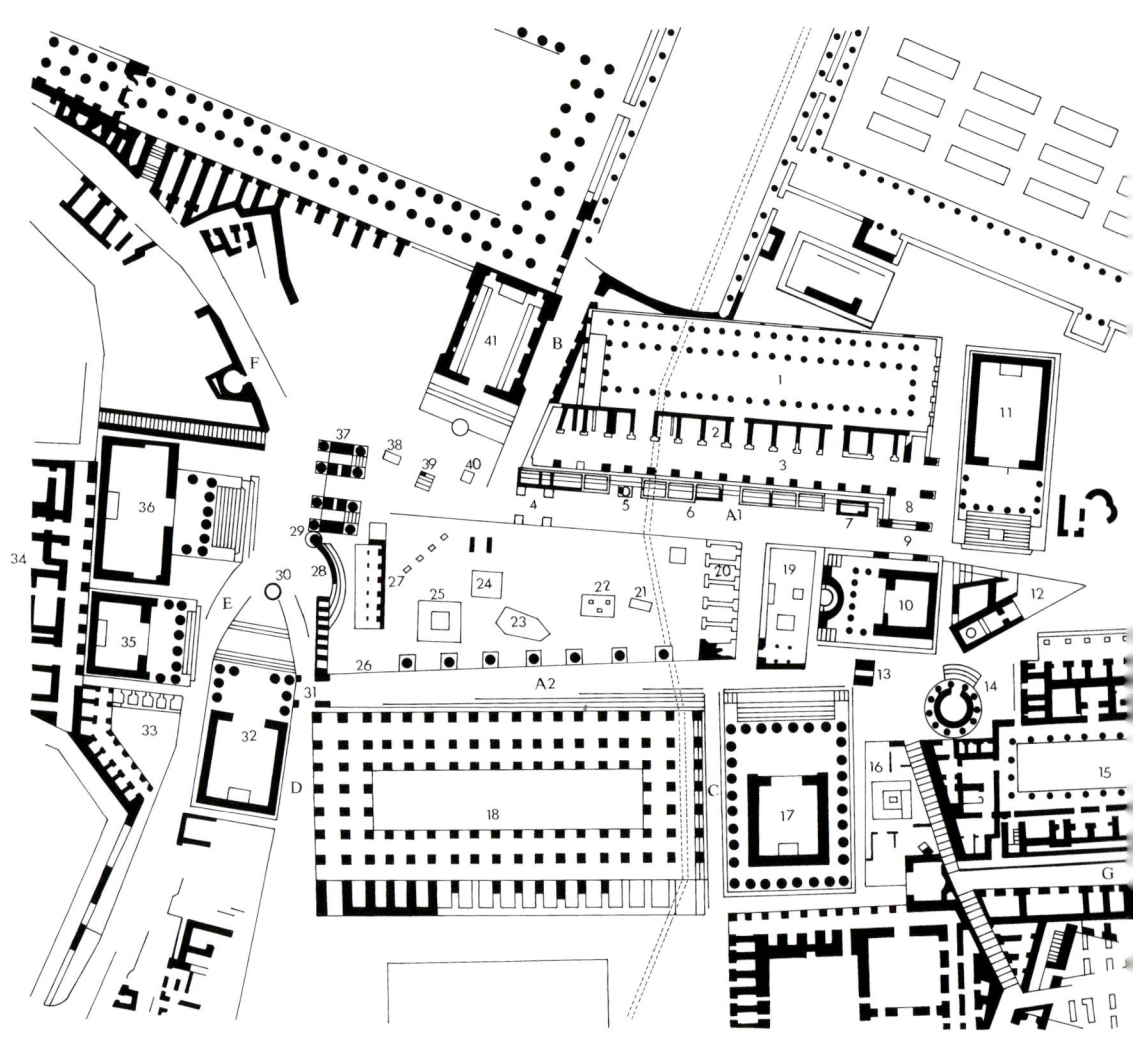

Abb. 1 Gesamtplan mit Verzeichnis der bekannten Bauten.
1: Basilica Aemilia; 2: Tabernae Novae; 3: Portiken; 4: Heiligtum des Janus (?); 5: Sacellum der Venus Cloacina; 6: Sacella; 7: Puteal Libonis (?); 8: Bogen des Gaius und Lucius Caesar; 9: Bogen der Fasti Consulares und Triumphales; 10: Tempel des Divus Iulius mit vorgesetzter Rostra; 11: Tempel des Antoninus Pius und der Faustina; 12: Regia; 13: Bogen des Augustus („Actiumbogen"); 14: Tempel der Vesta; 15: Haus der Vestalinnen; 16: Lacus Iuturnae; 17: Tempel der Dioskuren; 18: Basilica Iulia; 19: Tribunal; 20: spätantike Rostra; 21: spätantike Doliola; 22: Doliola; 23: Lacus Curtius; 24: Marsyas; 25: Säule des Phokas; 26: Südseite des Forumsplatzes mit sieben

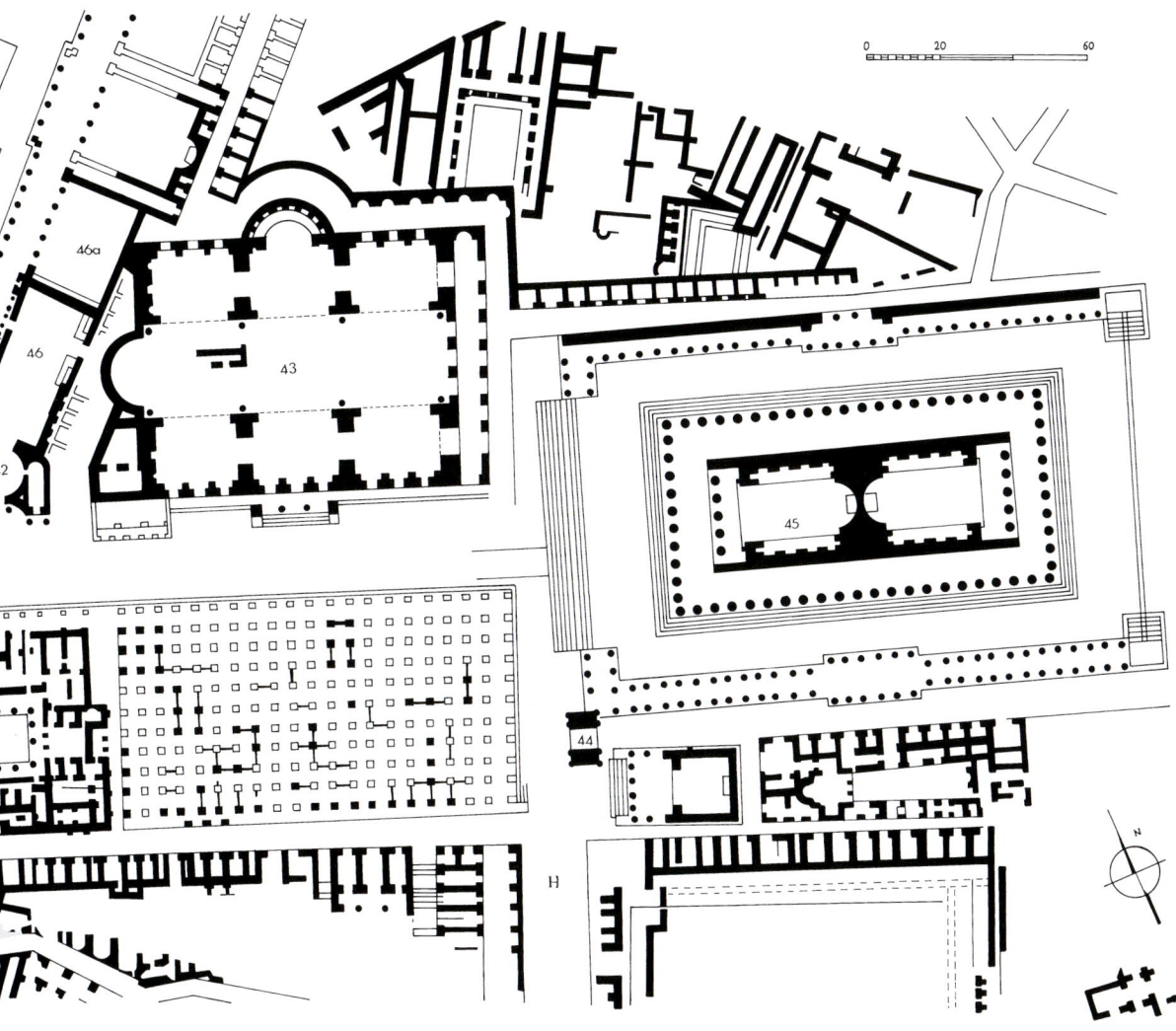

Säulen; 27: Rostra; 28: Rostra Iulia; 29: Umbilicus Urbis (Mundus); 30: Milliarium Aureum; 31: Bogen des Tiberius (?); 32: Tempel des Saturn; 33: Portikus der Dei Consentes; 34: Tabularium; 35: Tempel des Divus Vespasianus; 36: Tempel der Concordia; 37: Bogen des Septimius Severus; 38: Statue des Constans I.; 39: Lapis Niger; 40: Comitium; 41: Curia; 42: „Tempel des Romulus"; 43: Basilika des Maxentius (Basilica Constantini); 44: Bogen des Titus; 45: Tempel der Venus und Roma; 46: Stadttempel (Templum Urbis Romae); 46a: Forma Urbis Romae; A1–A2: Via Sacra; B: Argiletum; C: Vicus Tuscus; D: Vicus Iugarius; E: Clivus Capitolinus; F: Clivus Argentarius; G: Via Nova; H: Clivus Palatinus.

Abb. 2   Forum Romanum, Gesamtansicht von Westen nach Osten.

ren Eingang auf einer der Schmalseiten, von dem Stufen in den tiefer gelegenen Bezirk hinabführten (Abb. 3). Mehrere Heiligtümer dieser Formgebung und Größe liegen im zentralen Bereich des Forumsplatzes, wobei neben der Venus Cloacina (Abb. 4), der Lapis Niger (Abb. 5) und der Lacus Curtius (Abb. 6) zu den bekanntesten Kultbauten dieser Art zählen (vgl. Abb. 1 [23. 39]). Einige dieser Heiligtümer galten auch als Kenotaph berühmter Personen und erhielten dabei den Charakter von Memorialbauten.

Der Lapis Niger

Zu den ältesten bekannten Heiligtümern zählt der Lapis Niger, der allem Anschein nach Bestandteil des Volcanal war (Abb. 5. 7). Sein Name leitet sich von der bis heute sichtbaren schwarzen Deckplatte ab, die von einer Brüstung aus

Abb. 3　Sacellum vor den Portiken der Basilica Aemilia, Puteal Libonis (?).
a) Gesamtansicht; b) Fundamente der Brunnenfassung.

Abb. 3b

Abb. 4　Sacellum der Venus Cloacina.

Abb. 5　Lapis Niger, schwarze Deckplatte mit marmorner Brüstung.

weißen Marmorplatten umgeben war. Mit großer Wahrscheinlichkeit ist der Stein mit dem von Festus (Fest. 184, 19 L) überlieferten „schwarzen Stein im Comitium" (*lapis niger in comitio*) zu identifizieren. Die Deckplatte und Brüstung wurden erst im 1. Jh. v. Chr. während der Herrschaft Sullas angebracht, als der Kult des Vulcanus an dieser Stelle aufgegeben und außerhalb der Stadt eingerichtet wurde (Abb. 5).

Der Baukomplex aus archaischer Zeit befindet sich unter dieser Platte. Er besteht aus einer erhöhten Fläche mit einem Altar. Daneben stehen ein Säulenstumpf und ein Cippus in Form eines zylindrischen Steins, auf dem eine altlateinische Inschrift eingraviert ist (Abb. 7). Diese lautet: „Der Ort ist heilig und wer ihn schändet, wird mit schrecklichen Strafen bedroht; jemanden den unterirdischen Gottheiten zu weihen, kommt einem Todesurteil gleich". Bei der Inschrift handelt es sich um ein heiliges Gesetz, das den Ablauf von Riten unter der Aufsicht eines Königs regelt. Nach der Form der Buchstaben zu urteilen, stammt die Inschrift aus dem 6. Jh. v. Chr., also aus der Königszeit. Die Datierung auf epigraphischer Basis wird durch archäologische Zeugnisse bestätigt. Die ältesten Keramikfunde stammen aus dem 6. Jh. v. Chr., wobei es sich um importierte, schwarzfigurige attische Keramik handelt. Die jüngsten keramischen Funde und Fragmente aus geblasenem Glas gehören in die Zeit der Auflösung des Heiligtums im 1. Jh. v. Chr. In dem Votivdepot des Kultbaus fanden sich Terrakotten aus der zweiten Hälfte des 6. Jhs. v. Chr., die vermutlich rituell bestattet wurden. Ganz ähnliche Exemplare sind auf dem Kapitol und auf dem

Abb. 6 Lacus Curtius, Areal mit Pflastersteinen.

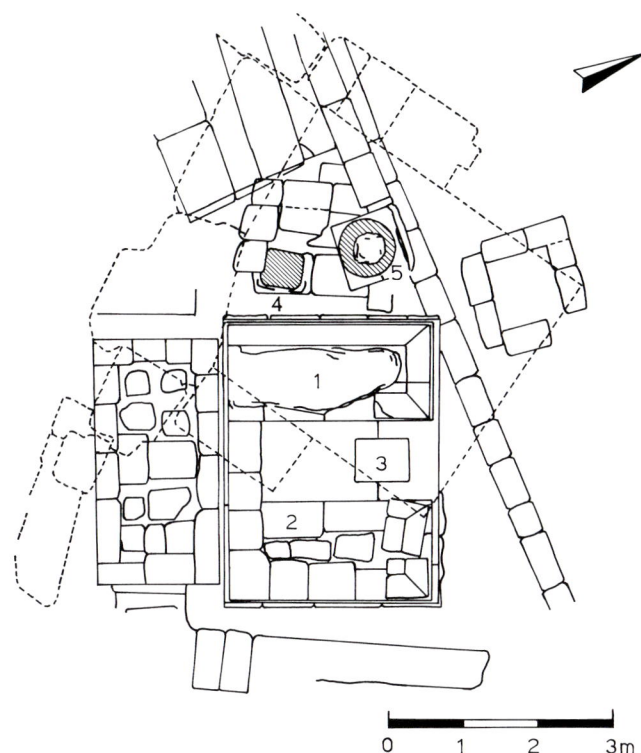

Abb. 7　Lapis Niger, schematischer
Grundriss.
1–3: Altar; 4: Cippus mit Inschrift;
5: Säulenstumpf.

Forum Romanum am Tempel des Divus Iulius (vgl. Abb. 39) belegt. Die große Anzahl an Votivgaben lässt auf eine intensive Ausübung des Kultes in archaischer Zeit schließen. Das Heiligtum wurde auch als Grabmal des Romulus, als Denkmal für den Hirten Faustulus und als Grab des Hostilius, des Großvaters des Königs Tullius Hostilius, angesehen. Wenn auch diese Deutungen unzutreffend sind, so zeigt sich doch, dass sich mit diesem Heiligtum Legenden aus der Gründungsgeschichte Roms verbanden. Auf diese Weise wurde der Kultbau als Ort der Erinnerung an die älteste Geschichte Roms bedeutungsvoll aufgewertet. Eine zwischen dem Lapis Niger und dem Volcanal gefundene augusteische Weihinschrift an Vulcanus erhärtet die Annahme, dass die sakrale Stätte zum Volcanal gehörte. Letzteres zählte zu den ältesten Heiligtümern der Stadt, das nach der Überlieferung von Plinius (Plin. nat. 16, 86, 236) von Romulus gegründet und dessen Altar von Titus Tatius errichtet wurde (Varro ling. 5, 74). Das große Areal des Volcanal (Abb. 8), das sich am Fuß des Kapitols über mehrere unterschiedliche Bodenniveaus bis zum Forumsplatz erstreckte, bot sich als Versammlungsplatz an. Vor diesem Hintergrund verwundert es nicht,

Abb. 8   Volcanal, Altar.

dass das Comitium, das selbst ein Templum war, neben dem Heiligtum errichtet wurde. Ab dem 3. Jh. v. Chr. lag der Haupttempel des Gottes Vulcanus auf
dem Marsfeld und damit außerhalb des Pomeriums. Das Feuer sollte mit diesem sakralen Akt symbolisch aus der Stadt ausgeschlossen werden. Ihm, dem
Urheber aller Brände, wurden lebende Fische als Opfer dargebracht, damit
„das Feuer anderes Leben schonte" (Fest. 274, 35ff. L). In Narbo befindet sich
neben dem Altar des Vulcanus ein Wasserbecken. In Anbetracht der häufigen
Brände in Rom war dieser Kult von besonderer Bedeutung, da der Gott günstig
gestimmt werden musste, um die Stadt vor Feuersbrünsten zu bewahren. Ein
weiterer, mit besonderer Bedeutung befrachteter Kultbau aus archaischer Zeit
war der Mundus, der als unterirdisches Heiligtum auf dem Forum nahe beim
Comitium und im Bereich des Volcanal lag (Abb. 9). Die Stätte, an der Romulus
das Opfer für die Gründung von Rom vollzog, markierte das Zentrum der Stadt
und später den Mittelpunkt der Welt.

Der Lacus Curtius: Von den Mythen zur aktuellen Geschichte

In die Reihe dieser ländlichen Kultbauten gehört auch der Lacus Curtius (Abb.
6. 10). Ursprünglich handelte es sich um einen geweihten Teich auf dem Forumsplatz. Wie die anderen kleinen Heiligtümer im Forumsbereich, so fungierte
auch der Lacus Curtius als ein mit Mythen verbundener Ort der Erinnerung. Die

Abb. 9   Heiligtum des Mundus oder des Umbilicus Urbis.

Gründungssage wird von den antiken Autoren in drei Versionen überliefert: Das Monument wurde errichtet im Andenken an den zwischen den Römern und Sabinern geschlossenen Frieden. Die zweite Bedeutung besagt, dass der Bau an ein unheilvolles Zeichen der Götter erinnert, welches durch den Mut des jungen Römers M. Curtius gesühnt wurde. Beide Varianten sind vermutlich auf einem marmornen Relief aus dem 2./1. Jh. v. Chr. dargestellt, das in augusteischer Zeit wiederverwendet wurde, als man auf dessen Rückseite die Inschrift des L. Naevius Surdinus anbrachte (Abb. 10). Der Text memoriert eine Neupflasterung des Forums unter der Leitung des L. Naevius Surdinus im Jahre 10 v. Chr., bei deren Ausführung auch die Kultmale auf dem Forumsplatz eingefasst wurden. Dazu gehören die Statue des Marsyas, der Feigenbaum, der Olivenbaum und der Weinstock. Wahrscheinlich war die marmorne Reliefplatte eine Schranke der Einfassung des Lacus. Der dritten Variante zufolge ließ der Konsul des Jahres 445 v. Chr. nach einem Blitzeinschlag die Stelle des Lacus Curtius umfrieden. In der Kaiserzeit erhielt das Kultareal eine weitere Bedeutung: Am Geburtstag des Prinzeps warfen die Bürger Roms eine Münze in den Lacus Curtius und baten dabei um Wohlergehen und Gesundheit für den Kaiser (Suet. Aug. 57, 1). Der traditionsreiche Erinnnerungsort wurde nun auch zur Stätte der Kaiserverehrung. Als Kaiser Galba im Jahr 69 n. Chr. am Lacus Curtius seinen gewaltsamen Tod fand, wurde der Ort gar zu einer Wallfahrtsstätte. An dieser häuften die Pilger Kränze zu einer Art Grabhügel auf, nachdem sie seine mit Blumen und Lorbeer geschmückten Bildnisse um die Tempel herumgetragen hatten (Tac.

hist. 2, 55). Auf diese Weise erinnerte das Monument nicht mehr nur an mythologische, sondern auch an aktuelle historische Ereignisse.

All diese kleinen Heiligtümer, die im Bereich des Volcanal und des zentralen Forumsplatzes liegen, haben eine lange Tradition, die sich bis in das 7. oder gar 8. Jh. v. Chr. zurückverfolgen lässt. Sie gewannen durch ihre Verankerung in der Geschichte und ihre Verbindung mit mythologischen Ereignissen und Personen eine enorme Bedeutung. Über Generationen hinweg blieben die Sakralbauten in Erinnerung, worauf die mehrfachen Restaurierungen und Verschönerungen sowie ihre bis in die Spätantike während Nutzung verweisen. Nicht die Form und Ausstattung waren für den Stellenwert der Heiligtümer ausschlaggebend, sondern ihre Verbindung mit geschichtsträchtigen Orten und Personen. Die große Konzentration dieser Kultbauten im Bereich des Forumsplatzes verlieh diesem Ort nicht nur eine hohe Bedeutung für das politische, wirtschaftliche und soziale Leben der Stadt, sondern auch einen symbolischen Wert, der sich vor allem in dem rituellen und juristischen Geschehen auf diesem Platz manifestierte.

Der Zusammenschluss der um das Forumsgebiet niedergelassenen Gemeinwesen bewirkte ein starkes Anwachsen des Siedlungsareals, das nun auch auf die Talsenke übergriff. Die Folge davon war die Aufgabe ihrer Nutzung als Begräbnisplatz, wobei eine neue, entschieden größere Nekropole auf dem Esquilin gegründet wurde. Um das Gelände im Forumstal bebauen zu können, mussten zuerst die sumpfigen Bereiche trockengelegt werden. Während der

Abb. 10   Lacus Curtius, Relief. Auf der Rückseite befindet sich die Inschrift des L. Naevius Surdinus.

Abb. 11   Tempel der Vesta.

Herrschaft des ersten etruskischen Königs Tarquinius Priscus wurde ein System von Abwasserkanälen angelegt, die das stehende Wasser auf der Oberfläche ableiteten und zum Tiber führten. Diese Baumaßnahmen markierten den Beginn des Ausbaus eines großen Abwassersystems, dessen Endprodukt die spätere Cloaca Maxima wurde. Nach der Trockenlegung galten die ersten urbanistischen Arbeiten dem Ausbau von Straßen und Plätzen. Um die Mitte des 7. Jhs. v. Chr. erfolgte die erste Pflasterung des Forumsplatzes mit einem Belag aus Schotter und Kieselsteinen. Gleichzeitig nahm man die erste Pflasterung des Comitiums, des Platzes der Volksversammlung, in Angriff. Im zentralen Abschnitt des Forums, zwischen der Zone der Regia (Abb. 12; vgl. Abb. 16 [8]) und des Comitiums (vgl. Abb. 16 [28]), finden sich die ältesten bekannten

Abb. 12   Regia, aktuelle Ansicht.

Spuren gemauerter Gebäude. Die Fundamente sind aus Stein, das aufgehende Mauerwerk aus Rohziegeln, bedeckt mit Dachziegeln. Die Existenz anderer gemauerter Bauwerke aus der orientalisierenden Epoche ist bezeugt durch ein im Bereich des Lacus Iuturnae aufgefundenes Depot, das Fragmente eines Akroterion enthält, welches mit entsprechenden Produkten aus Murlo, Acquarossa und Tuscania (Ara del Tufo) vergleichbar ist.

Das einst von Sümpfen beherrschte Velabrum wurde ein neues Wohnquartier, dessen Hauptachse der Vicus Tuscus war. Das ganze Gebiet zwischen dieser Straße und dem Vicus Iugarius wurde bewohnbar gemacht, ebenso das Areal auf der Nordseite des Forums zwischen dem Argiletum und der Straße westlich des Tempels des Antoninus Pius und der Faustina (Abb. 14; vgl. Abb. 1 [11]).

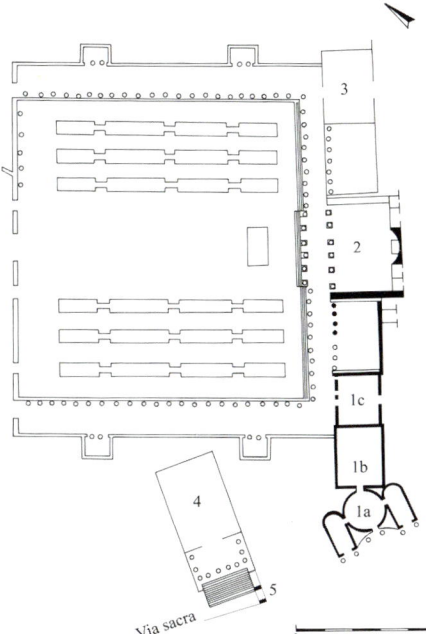

Abb. 13 Rom, Templum Pacis und Forum Romanum, schematischer Grundriss. 1a-c: Templum Urbis Romae ("Bibliotheken"); a: Vorhalle ("Tempel des Romulus"), b: Cella, c: Tempelarchiv; 2: Tempel der Pax; 3: Tempel der Penaten (?); 4: Tempel des Antoninus Pius und der Faustina mit Vorgängerbau des Iuppiter Stator (?); 5: Fornix Fabianus. M 1: 1000.

Die Einrichtungen der religiösen Institutionen

Romulus hatte nicht nur das älteste Heiligtum Roms, das Volcanal gegründet, sondern er weihte diesem auch eine bronzene Quadriga und eine Statue aus dem gleichen Material.

Das Heiligtum der Vesta: Der Aufbewahrungsort des heiligen Feuers und des Palladiums

Nach der Aussage antiker Historiographen gilt Numa Pompilius, der zweite etruskische König, als Gründer des Heiligtums der Vesta, in dessen Cella das sakrale Herdfeuer des Staates brannte (vgl. Abb. 1 [14]. 11). Für die Aufrechterhaltung des ewigen Feuers, das als Symbol für das Herdfeuer in der königlichen Residenz gilt, hatten die Vestalinnen, ein Kollegium von sechs Priesterinnen, Sorge zu tragen. Sie unterstanden dem Pontifex Maximus, mit dem sie durch eine symbolische Hochzeit verbunden waren. Ließ eine Vestalin durch ihre Nachlässigkeit das Feuer ausgehen, wurde sie vom Pontifex Maximus ausgepeitscht. Durch das Reiben von Holzstäbchen versuchte man, das erloschene Feuer wieder anzuzünden. In der Zeit der Vestalia (7. bis 15. Juni) wurde der Tempel gereinigt und geöffnet, war aber nur Frauen zugänglich. Nach der Überlieferung von Festus (Fest. 250: *penus vocatur intumus in aede Vestae tegetibus saeptus*) befand sich im Innern der Penus Vestae, die Schatzkammer der Vesta, in dem das Palladium, ein archaisches Götterbild der Minerva, aufbewahrt wurde. Nach der Sage soll Äneas dieses Idol von Troja nach Rom gebracht haben. Eine nur von der Cella aus zugängliche Vertiefung im Podium könnte der Penus Vestae gewesen sein.

Die Regia

Derselbe König rief auch die Regia, einen Kultbau von zentraler Bedeutung, ins Leben (vgl. Abb. 1 [12]. 12). Ursprünglich Teil des Königspalastes, wurde die Stätte nach der Vertreibung der etruskischen Könige Sitz des Rex Sacrorum und des Pontifex Maximus. Die Anlage setzt sich aus einem trapezförmigen Hof und Räumen auf der West- und Südseite zusammen (vgl. Abb. 44 [9]). Der quadratische Raum im Westen war laut einer an der Südwand angebrachten Inschrift für die Boten des Pontifex, die Calatores, und für die Flamines bestimmt. In der westlichen Kammer der drei Räume auf der Südseite befand sich ein dem Kriegsgott Mars geweihtes Heiligtum mit einem Altar. In dem Kultbau wurden auch die 12 bronzenen Schilde und die Lanze des Mars aufbewahrt. Ein eigenes Priesterkollegium, die Salier, war für die Ausübung des Kultes zu-

Abb. 14   Tempel des Antoninus Pius und der Faustina.
a) Front mit Vorhalle; b) Vorhalle, Detail: Die Säulenbasis und marmorne Plinthe des antoninischen Bauwerks liegt auf einer Travertinplinthe des Vorgängerbaus auf.

Abb. 14   b

ständig. Gewährte der zentrale Raum Zugang in den Hof, so war die östliche Kammer der Ops Consiva, der Göttin des Wohlstands und Gedeihens geweiht. Die zwei Heiligtümer verweisen auf die doppelte Funktion der Amtsträger, die als militärische und zivile Führer für das Wohl des Staates verantwortlich waren. In der Regia wurden ferner politische und religiöse Urkunden der Stadt aufbewahrt. Aus der ersten Phase des Heiligtums stammt eine Terrakottatafel mit der Darstellung des Minotauros. Dem König Numa Pompilius werden noch zwei weitere Heiligtümer zugeschrieben: Bei dem einen handelt es sich um das Sacellum des Ianus Geminus am Comitium, dessen Türen bei Frieden geschlossen, bei Krieg jedoch geöffnet waren. Das andere sind die Doliola, eine Kultstätte auf dem zentralen Forumsplatz, in dem Kultobjekte aus der Königszeit begraben waren (vgl. Abb. 1 [22]).

Der Tempel des Iuppiter Stator

Religiös und funktional eng verbunden mit den Kultbauten der Regia und der Vesta war der von Romulus gegründete Tempel des Iuppiter Stator, der bis heute auf dem Forum Romanum nicht exakt lokalisiert werden konnte. Einen Anhaltspunkt liefert der Tempel des Antoninus Pius und der Faustina, in dem ein entschieden älteres Bauwerk inkorporiert ist (vgl. Abb. 1 [11]. 13 [5]. 14). Zu dem originalen Bauwerk gehören die in S. Lorenzo in Miranda verbaute Cella aus Peperinquadern, das Fundament aus Travertinplatten und die Plinthen aus Travertin unter der marmornen Säulenstellung des Pronaos. Erst bei seiner neuen Bestimmung als Kultstätte für das vergöttlichte Kaiserpaar wurde der Sakralbau mit einem neuen Pronaos aus Marmor aufgewertet, wobei auf den Plinthen des älteren Bauwerks nun größere Plinthen aus Marmor der neuen Säulenordnung aufgelegt wurden. Der ältere Kultbau kann zwar nicht exakt datiert werden, aber die großen Blöcke der Quader und die Verwendung von Travertin legen eine Datierung um die Mitte des 2. Jhs. v. Chr. nahe. Die Lage am Eintritt der Via Sacra in den zentralen Forumsplatz, die zur Regia ausgerichtete Front sowie die enorme Höhe und Monumentalität lassen auf einen bedeutenden Kultbau schließen, dessen ursprüngliche Gottheit bis heute nicht bekannt ist. Die Frage könnte aber mit Hilfe der schriftlichen Überlieferung geklärt werden. Der Katalog der Regionen, eine Beschreibung der 14 Stadtbezirke Roms aus konstantinischer Zeit, zählt in der Region IV eine Reihe von Bauten auf, unter anderem den Tempel der Faustina und den Tempel des Iuppiter Stator. In dieser Region liegen das Templum Pacis und die Bauwerke auf dem Forum nördlich der Via Sacra. Ist die Position des erstgenannten Tempels bekannt, so bleibt zu fragen an welcher Stelle der Bau des Iuppiter Stator im nördlichen Forumsbereich stand. Nach Ausweis einer Inschrift vom Forum, deren genauer Fundort nicht bekannt ist, huldigten die Liktoren dem Gott mit einem speziellen Kult (CIL VI 435). Eine weitere Weihinschrift der Liktoren wurde in unmittelbarer Nachbarschaft des „Tempels des Romulus" gefunden, der unweit des Tempels der Faustina liegt (CIL VI 31295 a). Der Kult dieser Staatsdiener war wie der Kult der Calatores eng verbunden mit dem Rex Sacrorum und dem Pontifex Maximus. Damit ergibt sich eine enge topographische und funktionale Verbindung des Tempels des Iuppiter Stator mit der Regia (vgl. Abb. 12), der Domus Regis, dem Tempel der Vesta (vgl. Abb. 11) und dem Atrium Vestae (vgl. Abb. 1 [11. 12. 14. 15]. 56. 58). Der Zusammenhang dieser Gebäude, deren Tradition bis zum Beginn der Königszeit zurückreicht, wird durch eine Nachricht bei Tacitus (Tac. ann. 15, 41) erhärtet, der den Tempel des Iuppiter Stator, Numas Königsburg und das Heiligtum der Vesta in einem Zug nennt. Nach den Autoren Livius (Liv. 1, 41, 4) und Plinius (Plin. nat. 34, 29) befand sich der Sakralbau des Iuppiter Stator neben dem Haus des Tarquinius Priscus, das mit der Domus Regis gleichzusetzen ist. Die schriftlichen Zeugnisse und die topographische Situation im zentralen Bereich des Forums legen nahe, den Tempel dieses Gottes mit dem Sakralbau des Antoninus Pius und der Faustina gleichzusetzen. Beide wurden nach ihrer Divinisierung als neue Gottheiten in den Tempel aufgenommen, wobei aber der von Romulus gegründete Kult des Iuppiter Stator fortgesetzt wurde. Vermutlich erhielt neben diesem Gott auch seine Paredra, Iuno Regina, kultische Verehrung. Das neu hinzugekommene Götterpaar waren dann Faustina und Antoninus Pius, deren Kult nun in unmittelbarer Beziehung zur Gründungsgeschichte Roms stand. Die Aufnahme zweier Kulte in einem einzigen Bauwerk würde auch erklären, weshalb in dem Katalog der Regionen das Templum Faustinae und die Aedes Iovis Statoris getrennt aufgeführt sind. Der Tempel des Iuppiter Stator, die Regia und das Heiligtum der Vesta liegen auf der zentralen Nord-Süd-Achse des Forum Romanum und bilden damit eine räumliche und kultische Einheit, die für das religiöse Leben der Stadt von höchster Bedeutung war (vgl. Abb. 1 [11. 12. 14. 15]).

Der Tempel der Stadt Rom (Templum Urbis Romae)

Östlich des Tempels des Iuppiter Stator lag ein weiterer Kultbau von hoher Bedeutung (vgl. Abb. 1 [46]. 13 [1. 2]). Das Bauwerk ragte hinter dem "Tempel des Romulus" an der Stelle empor, die heute die Kirche SS. Cosma e Damiano einnimmt. Von dem Sakralbau sind zwei von Norden nach Süden parallel verlaufende Mauern aus Aniene-Tuff in Höhe von 17 m erhalten. Nach der Größe der Quadern und der Mauertechnik zu schließen, sind sie in das 2. Jh. v. Chr. zu datieren. Beide Mauern haben einen Eingang, dessen Laibungen aus Travertinquadern bestehen; der Türbogen weist Keilsteine aus Travertin auf. Die sich gegenüberliegenden Eingänge führten mit großer Wahrscheinlichkeit in den Keller des Podiums, das aufgrund der Größe der Türen sehr hoch gewesen sein musste.

Das Gebäude wird in der Altertumswissenschaft kontrovers beurteilt, obwohl die schriftlichen Nachrichten und die archäologischen Zeugnisse eine genauere Deutung ermöglichen. Einige Forscher halten den Bau für den Tempel der Penaten, andere sehen in ihm die Bibliothek des später von Vespasian errichteten Templum Pacis. Für die Deutung und Lokalisierung des Bauwerks ist der während der Amtszeit des Papstes Felix IV. (526–530) entstandene Liber Pontificalis aussagekräftig. Den Angaben zufolge ließ dieser Papst die Basilika der Heiligen Cosmas und Damianus in Rom an dem Ort errichten, der Via Sacra genannt wird, neben dem Tempel der Stadt Rom (*hic fecit basilicam sanctorum Cosmae et Damiani in urbe Roma, in loco qui appellatur via sacra, iuxta templum urbis Romae*). Aus den Nachrichten des spätantiken Historiographen Aurelius Victor (Aur. Vict. Caes. 40, 26) geht hervor, dass der Kaiser Maxentius eine Basilika und ein Heiligtum der Stadtgöttin (*Urbis fanum*) errichten ließ. Diese Aussage steht in keinem Widerspruch zu der Überlieferung im Liber Pontificalis und den archäologischen Zeugnissen. Der Kultbau stand neben der Westapsis der Basilika des Maxentius. Derselbe Kaiser ließ auch große Erneuerungen an dem Heiligtum der Stadt Rom durchführen, indem er den Kultbau durch die Errichtung eines zylinderförmigen Vestibüls, des sogenannten „Tempels des Romulus", mit der Via Sacra im Süden verband. Auf der nördlichen Schmalseite, der Rückseite des Sakralbaus, ist eine Ziegelmauer aus dem frühen 3. Jh. n. Chr. erhalten, an der einst die berühmte Forma Urbis Romae angebracht war (vgl. Abb. 1 [46 a]. 13 [3]). Es handelt sich dabei um eine monumentale Tafel aus Marmor, auf welcher der Stadtplan von Rom eingraviert war. Kein Bau in Rom eignete sich besser als Träger der Forma Urbis Romae als das Templum Urbis Romae.

Es ist wohl kein Zufall, dass dieses Heiligtum sich ganz in der Nähe des Tempels des Iuppiter Stator befand. Ein dritter Kultbau von ähnlich hoher Bedeutung, der Tempel der Penaten, stand in diesem Bereich, der aber bis heute nicht genau zu lokalisieren ist. Allem Anschein nach waren alle drei Sakralbauten eng mit der Genese von Rom verknüpft und hatten damit verbunden einen überragenden Stellenwert. Vermutlich besaßen sie alle Vorgängerbauten von bescheideneren Ausmaßen, die in spätrepublikanischer Zeit monumental ausgebaut und in der Kaiserzeit mit Marmor verkleidet wurden. Neben dem traditionsreichen Stadtheiligtum ließ später Kaiser Vespasian das Templum Pacis errichten, dessen Apsidenbau wohl auch Stätte für den Kaiserkult war. Auf diese Weise war der Stadtkult symbolträchtig mit dem Kaiserkult verknüpft.

Das Comitium

Nach dem Zusammenschluss zwischen den Römern und Sabinern gründeten die beiden Könige Romulus und Titus Tatius das Comitium, das als Platz für die Volksversammlungen bestimmt war (Abb. 15). Das Comitium wird schon im allerersten römischen Kalender erwähnt und wurde für die frühesten Versammlungen der Kurien benutzt. Die Anlage ist durch ihren Gründungsakt als Sakralbau definiert: Sie war ein von den Auguren geweihter Platz, ein Templum, der strikt nach den Himmelsrichtungen ausgerichtet war. Aufschlussreich für dessen Lage sind die Nachrichten antiker Autoren, insbesondere die Angaben von Plinius (Plin. nat. 7, 60), in der die Funktion des Comitiums als riesige Sonnenuhr erklärt wird: „Auch sie (die Einteilung in Stunden) hat man erst später in Rom verwendet: Auf den Zwölf Tafeln wird nur vom Auf- und Untergang der Sonne gesprochen, einige Jahre später kam noch der Mittag hinzu, indem ein Amtsdiener der Konsuln es ausrufen musste, wenn er von der Kurie aus die Sonne zwischen der Rednerbühne und dem Gebäude der griechischen Gesandten erblickte; neigte sich die Sonne von der Maeniussäule nach dem Gefängnis hin, so rief er die letzte Tagesstunde aus; dies geschah aber nur an heiteren Tagen bis zum 1. Punischen Krieg".

An der Nordseite stand die Curia, in welcher sich die Senatsmitglieder versammelten. Der älteste bekannte Bau war die Curia Hostilia, die von Tullius Hostilius, dem dritten König von Rom errichtet worden sein soll (Abb. 15 [4]).

Abb. 15 Comitium, republikanische Phase, schematischer Lageplan. 1: Rostra; 2: Graecostasis; 3: Tribüne; 4: Curia Hostilia; 5: Curia Iulia; 6: Basilica Porcia; 7: Carcer; 8: Basilica Opimia; 9: Tempel der Concordia; 10: Tempel des Saturn; 11: Mundus; 12: Altar des Saturn; 13: Senaculum; 14: Columnia Maenia; 15: Porticus ad Senaculum et Curiam; 16: Volcanal; 17: Lacus Curtius; A: Via Sacra; B: Vicus Iugarius; C: Clivus Capitolinus; D: Scalae Gemoniae; E: Vicus Lautumiarum.

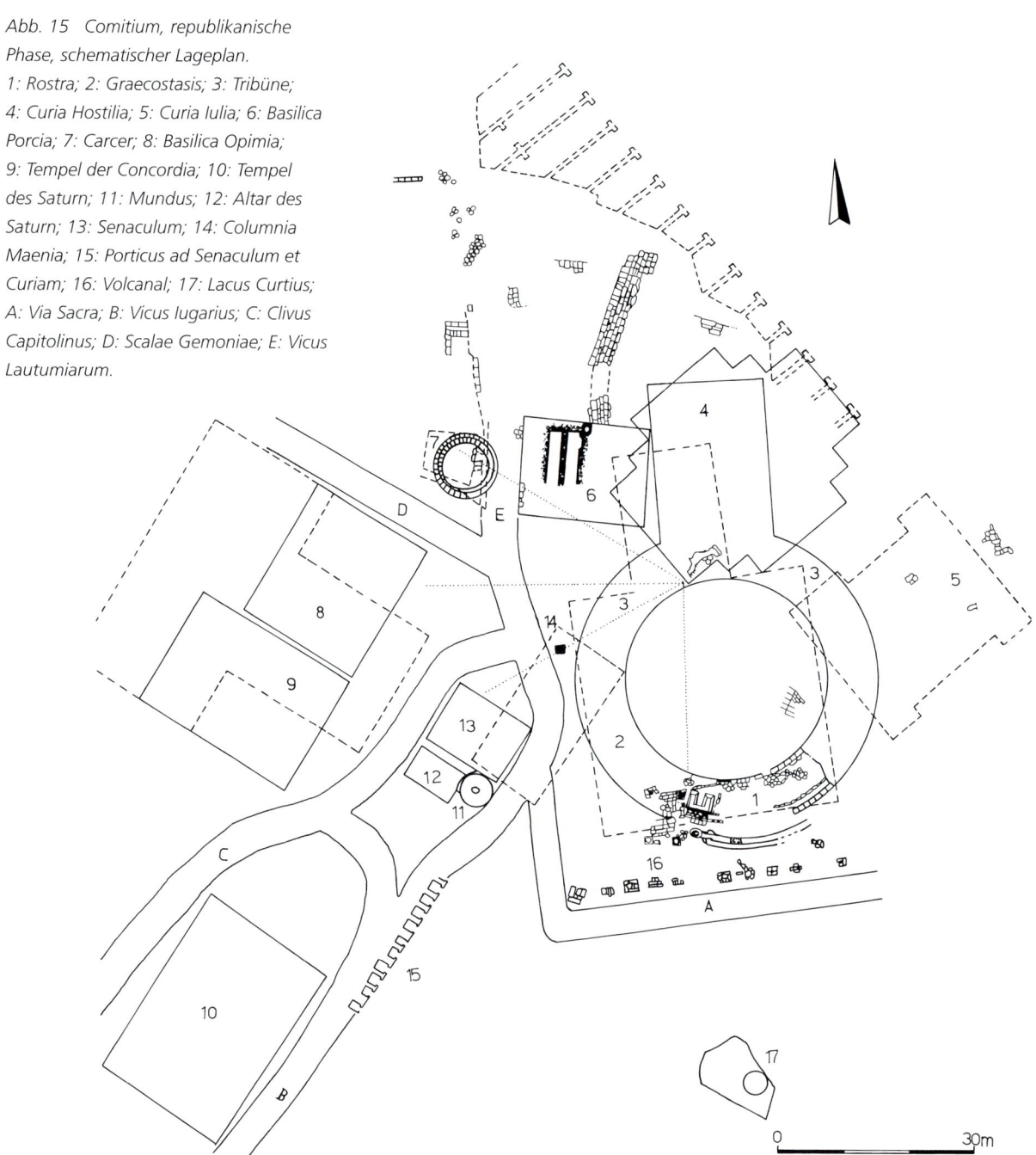

0   30m

Von dem ersten Bau der Curia stammen einige Dachziegeln, die unter einer Brandschicht begraben lagen. Das älteste Gebäude, dessen Grundriss nicht bekannt ist, befand sich auf der Westseite des Platzes. Im ausgehenden 6. Jh. v. Chr. nahm man den Bau der ersten Rednertribüne mit der Graecostasis in Angriff, an der um die Mitte des 5. Jhs. v. Chr. die zwölf bronzenen Gesetzestafeln angebracht wurden. Die Volksvertreter sprachen auf der Südseite von der Tribüne herab (Abb. 15 [1]), während die Graecostasis als eine weitere Rednertribüne für ausländische Vertreter vorgesehen war (Abb. 15 [2]). In der ersten Hälfte des 3. Jhs. v. Chr. nahm das Comitium in Anlehnung an die griechischen Ecclesiasteria seine runde, ringsum mit Stufen eingefasste Form an. Das stadtrömische Modell wurde von den latinischen Kolonien (Fregellae, Alba Fucens, Cosa, Paestum) aufgenommen und verbreitete sich auch im Gebiet der Italiker. Ein bekanntes Beispiel ist der heilige Sitz für die Bundesversammlungen der Samniten in Pietrabbondante, dessen Komplex aus Theater und Tempel besteht, wobei bewusst die Form der aus Curia und Comitium gebildeten römischen Anlage gewählt wurde. Im Jahr 263 v. Chr. brachte Valerius Messalla, der im ersten punischen Krieg Karthago und Syracus besiegt hatte, aus Catania die erste Sonnenuhr nach Rom. Diese Uhr, die nach dem Sonnenstand dieses sizilianischen Ortes eingestellt war, funktionierte in Rom nur leidlich. Im Jahr 159 v. Chr. wurde sie durch die Einführung einer Wasseruhr abgelöst (vgl. Abb. 25. 33 [2]), die nun ihren Platz auf der Südseite der Basilica Aemilia hatte (Plin. nat. 7, 215; Varro ling. 6, 4; Cens. 23. 7).

Der Aufbau des Comitiums ist ein getreues Spiegelbild der römischen Verfassung mit ihren drei Organen: Dazu gehören der zentrale Platz für die Volksversammlung, die Curia, und das Senaculum als Versammlungslokale für den Senat und Rednertribüne für die Beamten.

Die Volksversammlung, die an bestimmten Tagen zusammentrat, stimmte dort ohne Diskussion über einzelne Magistrate, Gesetze und andere Entscheidungen ab, die ihr vom Senat vorgeschlagen wurden. Die Vorschläge wurden wahrscheinlich von der Tür der Curia aus verkündet, möglicherweise aber auch aus der Mitte des runden Platzes heraus.

Abstimmungen führte man auf den Plätzen in der Umgebung der Comitia durch. Die einzelnen Tribus oder Centurien, in welche die Volksversammlung unterteilt war, stellten sich in langen Reihen innerhalb eines mit Hilfe von Schnüren abgesteckten und umzäunten Areals auf. Ihre geregelte Stimmabgabe am Ausgang der Gänge auf der sogenannten Pons, der Brücke mit den Wahlurnen, ließ sich auf diese Weise durch die Aufsicht der führenden Magistrate, aber auch durch die herumstehende übrige Stadtbevölkerung gut kontrollieren. In Rom fand sich eine Reihe von Steinbettungen für die Holzpfosten der Zäune in unmittelbarer Nähe des Comitiums.

Die untrennbare Verknüpfung zwischen politischer und sakraler Funktion zeigt nicht nur das Bauwerk des Comitiums, sondern auch dessen Lage neben dem ältesten Heiligtum, dem Volcanal. Bei diesem schlossen laut der mythologischen Überlieferung die beiden Könige Romulus und Titus Tatius an einem Altar Frieden und ließen nach diesem Akt eine Statuengruppe aufstellen, die beide Herrscher vereint zeigte. Alle politischen Vorgänge, Gesetzgebungen, Beschlüsse und die Schließung von Verträgen fanden unter der Aufsicht und dem Schutz der Götter statt.

Am Ende der Monarchie mussten aufgrund eines Brandschadens während der Belagerung von Porsenna im Bereich vom Comitium bis zur Regia neue Bauwerke errichtet werden. Letztere nahm nun einen festgelegten Grundriss an. Gleichzeitig erhielt das Comitium ein neues Pflaster. In dieser Schicht fanden sich die Reste zweier Tribünen mit Stufen aus Tuff (um 500 v. Chr.), die an der südlichen Begrenzung des zentralen Areals lagen.

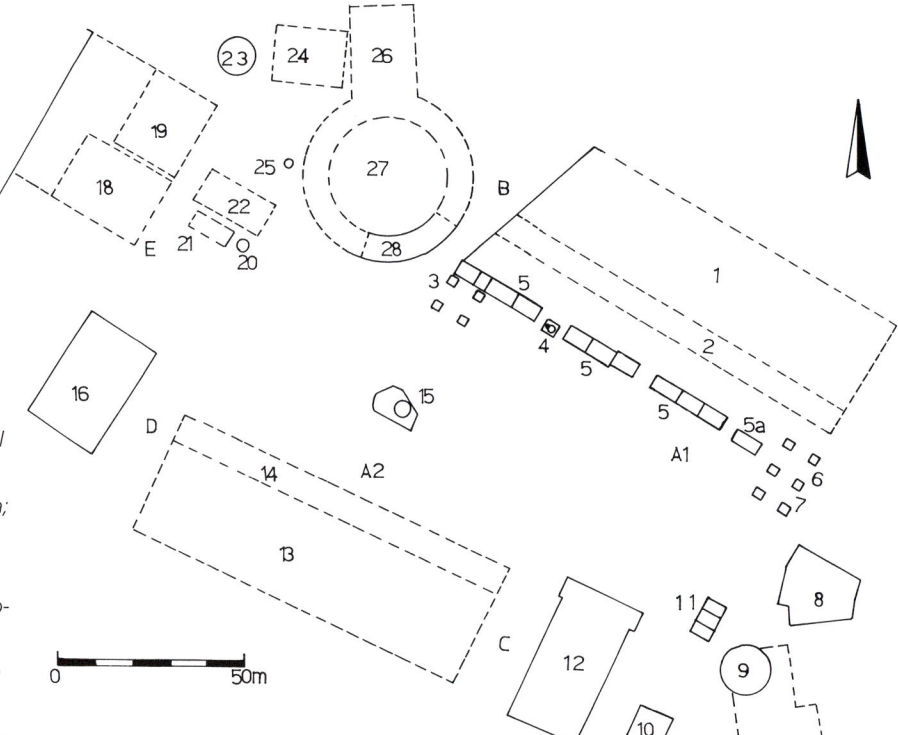

Abb. 16   Forum in republikanischer Zeit, Lageplan. 1: Basilica Aemilia; 2: Tabernae Novae; 3: Heiligtum des Janus (?); 4: Sacellum der Venus Cloacina; 5: Sacella; 5a: Puteal Libonis; 6. 7: Bögen (?); 8: Regia; 9: Heiligtum der Vesta mit Atrium; 10: Lacus luturnae; 11: republikanischer Bogen (?); 12: Tempel der Dioskuren; 13: Basilica Sempronia; 14: Tabernae Veteres; 15: Lacus Curtius; 16: Tempel des Saturn; 17: Tabularium; 18: Tempel der Concordia; 19: Basilica Opimia; 20: Mundus; 21: Altar des Saturn; 22: Senaculum; 23: Scalae Gemoniae und Carcer; 24: Basilica Porcia; 25: Columna Maenia; 26: Curia Hostilia; 27: Comitium; 28: Rostra; A1–A2: Via Sacra; B: Argiletum; C: Vicus Tuscus; D: Vicus Iugarius; E: Clivus Capitolinus.

Die Zeit der Republik
(509 v. Chr. – 31 v. Chr.)

Die monumentale Gestaltung des Forum Romanum als Spiegelbild der Bürgergemeinde von Rom

C. Sempronius Gracchus nennt die Rolle des Forum Romanum als Spiegel der Res Publica, wobei er die Institutionen des antiken Capua mit denen von Rom verglich. In Capua gab es zwei separate Fora, das eine für die Aristokratie, das andere für das Volk. In Rom waren beide Bereiche in einen Komplex integriert. Das Forum Romanum ist ein Konglomerat funktionaler und symbolischer Räume, die mit den politischen, religiösen, juristischen und ökonomischen Vorgängen verflochten sind (Abb. 1). Auch wenn die Genese des Forum Romanum engstens mit der Gründung der Stadt verbunden blieb, so kommen in der Zeit der Republik neue Elemente hinzu, die das Erscheinungsbild des Forum Romanum erweiterten (Abb. 16). In der republikanischen Verfassung wird die Bürgergemeinde von Rom, der Populus Romanus, zur Hauptinstitution, die das Geschehen auf dem Forum Romanum weitgehend bestimmte. Dieser Vorgang spiegelt sich in der Gestaltung und Ausstattung der Bauten wider. Zeugnisse dafür liefert der Tempel des Saturn, der 493 v. Chr. bei dem alten Altar dieses Gottes errichtet wurde (Abb. 17 [16]. 18). Ein Novum ist die Monumentalität des Bauwerks, das in seiner Größe alle älteren Gebäude aus der Königszeit in den Schatten stellte. Von besonderer Bedeutung ist das extrem hohe Podium, in dessen Hohlraum der Staatsschatz aufbewahrt wurde. Die Überführung des Vermögens der Könige an die Bürgergemeinde durch den Senat und das Volk sowie die Deponierung der Güter in dem hoch aufragenden Tempel, dessen Front zu dem Comitium und der Curia gerichtet ist, zeigen unmissverständlich, wer nun über die Gelder verfügte.

Nur wenige Jahre später nahm man im Jahr 484 v. Chr. den Bau des monumentalen Tempels der Dioskuren in Angriff (Abb. 19; vgl. Abb. 16 [12]). Seine symbolträchtige Lage neben der heiligen Quelle der Iuturna (Abb. 20; vgl. Abb. 16 [10]) verweist auf den von den Dioskuren an diesem Ort verkündeten Sieg der Römer über die Latiner am See Regillus im Jahr 499 v. Chr. Am 15. Juli, dem *dies natalis* des Tempels, hatte die Schlacht stattgefunden. An diesem Tag zog jährlich eine Prozession von Reitern in purpurnen Umhängen mit scharlachroten Streifen auf weißen Pferden an dem Tempel vorbei. Zur Klientel des Kults der Dioskuren gehörten vor allem die Patrizier, die als Reiteradel die Führungselite in Rom bildeten. Der griechische Kult der Dioskuren existierte in Rom schon im späten 6. Jh. v. Chr. Ein weiteres Zeugnis dafür liefert eine aus

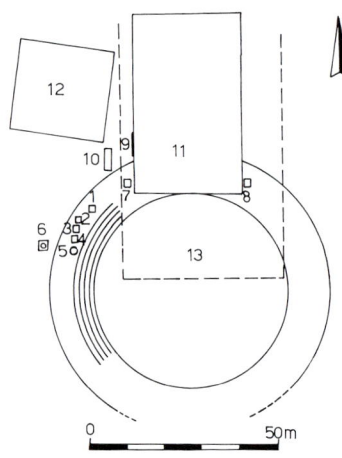

Abb. 17 Comitium, republikanische Phase mit Angaben der vermuteten Aufstellungsorte von Monumenten.
1: Statue des Attus Navius; 2: Ficus ruminalis; 3: Lupa; 4: Marsyas; 5: Puteal; 6: Columna Maenia; 7: Statue des Pythagoras; 8: Statue des Alkibiades; 9: Tabula Valeria; 10: Subsellia tribunicia; 11: Curia Hostilia; 12: Basilica Porcia; 13: spätere Curia Cornelia.

Lavinium stammende Weihinschrift für die Dioskuren aus dem ausgehenden 6. Jh. v. Chr. Vermutlich wurde der Kult über den Seeweg aus Großgriechenland eingeführt. Der Sakralbau war nicht nur von religiöser, sondern auch von politischer und juristischer Bestimmung. Von dem hohen Podium sprachen Redner und Richter zum Volk herab. Der Tempel war häufig Tagungsort des Senats. In dessen Nähe fanden auch Gerichtsverhandlungen statt. Im Innern hatte das Eichamt seinen Sitz und in den kleinen Räumen im Podium unter den Interkolumnien saßen die Bankiers.

Östlich des Tempels schließt ein kleines Quellheiligtum, der Lacus Iuturnae an, das der Nymphe Iuturna, der Schwester des Rutulerkönigs Turnus, geweiht und untrennbar mit dem Kult der Dioskuren verknüpft war (Abb. 20; vgl. Abb. 16 [10]). Ursprünglich fungierte die Kultstätte als Naturheiligtum ohne architektonische Fassung. In der ersten Hälfte des 2. Jhs. v. Chr. wurde die Stelle, an der die Quelle entsprang, mit einem Bassin versehen. Die erste Bauphase mit architektonischer Gestaltung und die Weihung zweier Marmorstatuen, welche die Dioskuren darstellen, veranlasste aller Wahrscheinlichkeit nach Lucius Aemilius Paullus, dem die Dioskuren während ihrer zweiten Erscheinung bei der Quelle seinen Sieg über den Makedonenkönig Perseus in der Schlacht bei Pydna (168 v. Chr.) verkündeten. Die Auskleidung mit Marmorplatten, die das heutige Erscheinungsbild des Lacus Iuturnae weitgehend bestimmt, stammt aus dem frühen 2. Jh. n. Chr. Vor dem Becken wurde ein großer Raum freigelegt, der mit einem Kreuzkuppelgewölbe und Nischen an den Wänden ausgestattet war. An der Rückwand des Raumes im Süden ragt der Schrein der Iuturna in Form einer Ädikula auf einem hohen Sockel empor (Abb. 20). Die marmorne Säulenordnung korinthischer Prägung und der Spitzgiebel stammen aus dem 2. Jh. n. Chr. Eine auf dem Architrav eingravierte Inschrift nennt diese Stelle als den wahren Ort des Kultes der Nymphe Iuturna, deren Statue auf einem mit Marmor verkleideten Sockel aufragte. Die vor der Ädikula aufgestellten Ausstattungselemente fanden sich im Inneren des Bauwerks. Es handelt sich um einen Altar mit der Darstellung eines Paares (Turnus und Iuturna oder Mars und Venus) und um einen Brunnen, dessen Inschrift Marcus Barbatius Pollio, einen kurulischen Ädil aus dem Ende des 1. Jhs. v. Chr., als Stifter nennt. Während der Grabungen in diesem Bereich kamen zahlreiche Weihegaben zutage, welche die lange Nutzung der Kultstätte bezeugen.

Die Ehrenmonumente aus der frühen Republik

In der ritterlichen Tradition stehen nicht nur religiöse Monumente wie der Tempel der Dioskuren, sondern auch die Ehrenstatuen aus der frühen Republik (vgl. Abb. 17). Diese waren für Personen bestimmt, die sich durch Taten um die Res Publica verdient gemacht hatten. Ein Bildnis des Sehers Attus Navius in priesterlicher Tracht erinnerte an seinen Widerstand gegen Tarquinius Priscus (vgl. Abb. 17 [1]). Horatius Cocles wurde mit einer Statue geehrt, da er sich nach der Vertreibung des letzten Königs den Angriffen des Porsenna standhaft widersetzte. Mit Standbildern geehrt wurden auch die bei einem Rettungsversuch ums Leben gekommenen Gesandten in Fidenae. C. Maenius und sein Kollege L. Furius Camillus erhielten während ihres Konsulats im Jahr 338 v. Chr. die seltene Ehre der Aufstellung von Reiterstatuen auf dem Forum, weil sie Rom von der latinischen Bedrohung gerettet hatten. An den Sieg über den Städtebund von Latium erinnert noch ein weiteres Ehrenmonument: Der siegreiche Feldherr G. Maenius ließ die Schiffssporne (Rostra) der eroberten Flotte von Antium an der Rednerbühne des Comitium anbringen. Die Bildnisstatuen des Philosophen Pythagoras und

Abb. 18   Tempel des Saturn.

Abb. 19   Tempel der Dioskuren.

Abb. 20   Heiligtum der Iuturna, Schrein.

Abb. 21   *Tempel der Concordia, Podium.*

des Feldherrn Alkibiades (vgl. Abb. 17 [7. 8]) sind als griechische Exempla öffentlicher Tugenden zu verstehen. Eine Statue des Marsyas stand als Zeichen für die Freiheit aller Bürger (vgl. Abb. 17 [4]). All diese Ehrenstatuen, die mehrheitlich im Bereich des Comitium, an dem Ort des politischen Wirkens, standen, verkörperten paradigmatische Werte wie Frömmigkeit (*pietas*), militärische Tüchtigkeit (*virtus*), Weisheit (*sapientia*) und Freiheit (*libertas*).

Die aristokratischen Wohnhäuser

Die Wohnhäuser der Führungseliten lagen an den nördlichen Ausläufern des Palatin und der Velia. Ihre Nachbarschaft zu den politischen und religiösen Zentren des Forum Romanum und des Kapitol verlieh den Häusern eine Exklusivität von hoher Bedeutung. Einige der Gebäude waren sogar eng mit dem Forum Romanum verbunden, wie die Wohnbauten des Pontifex Maximus auf der Südseite der Via Sacra, die des Cicero, der *gens Valeria* und des Annius Milo auf dem Clivus Capitolinus (vgl. Abb. 16 E) bezeugen. An der südlichen und nördlichen Langseite des Forumsplatzes lagen hinter den Läden die Atria, ursprünglich Privathäuser wie das Haus der Scipionen auf der Südseite des Forums, die um die Mitte des 2. Jhs. v. Chr. dem Bau der großen Basiliken weichen mussten. Die Aristokraten hatten eine große Klientel, die in den Atria verkehrte. Das ausgeprägte Klientelwesen bot den Aristokraten reichlich Gelegenheit, sich bei Empfängen, Ehrbezeugungen und Festen in Szene zu setzen. Zu den bedeutendsten Szenarien gehörten aber der Ritus der Leichenfeier für hochrangige Verstorbene und die Teilnahme der Stadtgemeinschaft an den Staatsbegräbnissen, wobei das Forum Romanum als gewaltige Bühne und Kulisse diente.

Die Hegemonialmacht Rom und ihre neue Definition

Nach dem Ende der Ständekämpfe erhielten die Plebejer Zugang zu den öffentlichen Ämtern und waren auf diese Weise gleichgestellt mit den Patriziern. Dieser Prozess führte zur Formierung einer neuen Elite, der Nobilität. Im Andenken an die Einigung weihte Camillus im Jahr 367 v. Chr. einen Tempel der Concordia, der im nordwestlichen Bereich des Forum Romanum am Übergang der Via Sacra zum Clivus Capitolinus aufragte (Abb. 21; vgl. Abb. 1 [36]). Von dem Bau ist das monumentale Podium aus *Opus caementitium* (Gussmauerwerk) erhalten. Nach den politischen Unruhen, denen der Volkstribun Gaius Gracchus zum Opfer fiel, ließ der Konsul Lucius Opimius im Jahr 121 v. Chr. den Tempel erneuern, neben dem er zur gleichen Zeit die nach ihm benannte Basilica Opimia stiftete. In der Kaiserzeit wurde der Tempel während der Herrschaft des Kaisers Tiberius nochmals umgestaltet. Die horizontal ausgerichtete Cella erinnert an die alte Form des Kultbaus, den Tiberius mit zahlreichen griechischen Skulpturen ausstatten ließ. Von dem Stellenwert und Prunk des Tempels zeugen auch die Figuralkapitelle mit Widderpaaren und das reich dekorierte Gebälk der marmornen Säulenordnung der Vorhalle.

Den Veränderungen im Innern der Republik und dem Sieg über die Latiner folgte eine lange Periode der militärischen Expansion, die nach dem Ende des 3. Punischen Krieges (146 v. Chr.) Rom zur Hegemonialmacht in der Mittelmeerwelt werden ließ. Die gewonnene Vorherrschaft brachte neue Aufgaben mit sich, insbesondere im politischen, administrativen und monetären Bereich, für die großräumige Nutzbauten erforderlich waren. Außerdem musste der neue Stellenwert durch ein entsprechend repräsentatives Erscheinungsbild öffentlicher Bauten geltend gemacht werden, das sich nun auch in der Gestaltung des Forum Romanum äußerte. Schon im späten 4. Jh. v. Chr. wurden die Metzgerläden und später auch der Lebensmittelmarkt, das Macellum, aus dem Forum ausgelagert.

Die Basiliken als monumentale Zeichen der Forensis dignitas

Der bereits im späten 4. Jh. v. Chr. in Ansätzen begonnene Ausbau des Forum Romanum mit monumentalen Repräsentationsbauten politischer, wirtschaftlicher und religiöser Bestimmung findet seinen vorläufigen Abschluss in der ersten Hälfte des 2. Jhs. v. Chr. In dieser Zeit waren nahezu alle Verkaufsläden und Märkte nördlich des Forums ausgelagert. Drei große Basiliken wurden um den zentralen Forumsplatz errichtet: Die Basilica Aemilia auf der Nordseite, ihr gegenüber auf der Südseite die Basilica Sempronia und die Basilica Porcia nahe der Curia Hostilia (vgl. Abb. 16). In den Räumen der früheren Tabernae Lanienae, der Metzgerläden, befanden sich nun Bankstuben, die *argentarii*. Die Neugestaltung des Forums wurde primär durch die neuen politischen und wirtschaftlichen Gegebenheiten bestimmt, aber sie diente nach den Worten von Varro auch dazu, die Würde des Forum, die *Forensis dignitas*, aufzuwerten (De vita pop. Rom II 72; Frg. Non. 532, 13).

Das wirtschaftliche Leben auf dem Forum Romanum: die Basiliken als Brennpunkte öffentlichen Lebens

Die Basilica Aemilia

Plinius führt in seiner Naturgeschichte (Plin. nat. 36, 102) die Basilika des Paullus neben dem Zirkus Maximus, dem Forum des Augustus und dem Friedenstempel des Vespasian als eines der schönsten Werke der Welt an. Auch wenn der Passus in erster Linie als ein Lob auf den Kaiser Vespasian zu verstehen ist, so kommt doch der hohe Stellenwert des Bauwerks in dieser Zeit deutlich zur Geltung. Als Rom nach dem Ende der Punischen Kriege im 2. Jh. v. Chr. die Vormachtstellung in der Mittelmeerwelt innehatte, musste die Stadt Rom als das Zentrum der Macht neuen und vielfältigen Aufgaben, insbesondere im politischen und administrativen Bereich, Genüge leisten. Diese Situation erforderte die Errichtung öffentlicher Großbauten, in denen sich die für das politische und wirtschaftliche Tagesgeschehen notwendigen Arbeitsabläufe vollzogen. Dabei gehörten zu den wichtigsten Bauten die Basiliken, die geradezu Brennpunkte des öffentlichen Lebens waren (Abb. 22). In dieser Zeit wurde das originale Gebäude der Basilica Aemilia errichtet und laut Livius (Liv. 40, 51, 4–5) von dem Censor M. Fulvius Nobilior im Jahr 179 v. Chr. eingeweiht. Der repräsentative

Stellenwert des Bauwerks zeigt sich nicht nur in seiner Größe und Ausstattung, sondern auch in seiner Lage. Das Gebäude ragte im nordwestlichen Bereich des Forum Romanum zwischen der Curia im Westen und der Ostseite des zentralen Forumsplatzes auf. Der Urbau hatte eine dreischiffige eingeschossige Halle, deren Langseite zum Forumsplatz ausgerichtet war (Abb. 23 a. b). Entlang der gesamten Südseite verlief eine Reihe von Läden mit einer vorgelagerten Portikus (Abb. 23 c). Drei Eingänge auf der Südseite der auf allen vier Seiten geschlossenen Halle boten Zugang für die Besucher. Die festgelegte Fläche der 110 x 50 m großen Parzelle und die Abfolge von Halle, Läden und Säulenhalle behielten

Abb. 22   Basilica Aemilia, Gesamtansicht von Osten nach Westen.

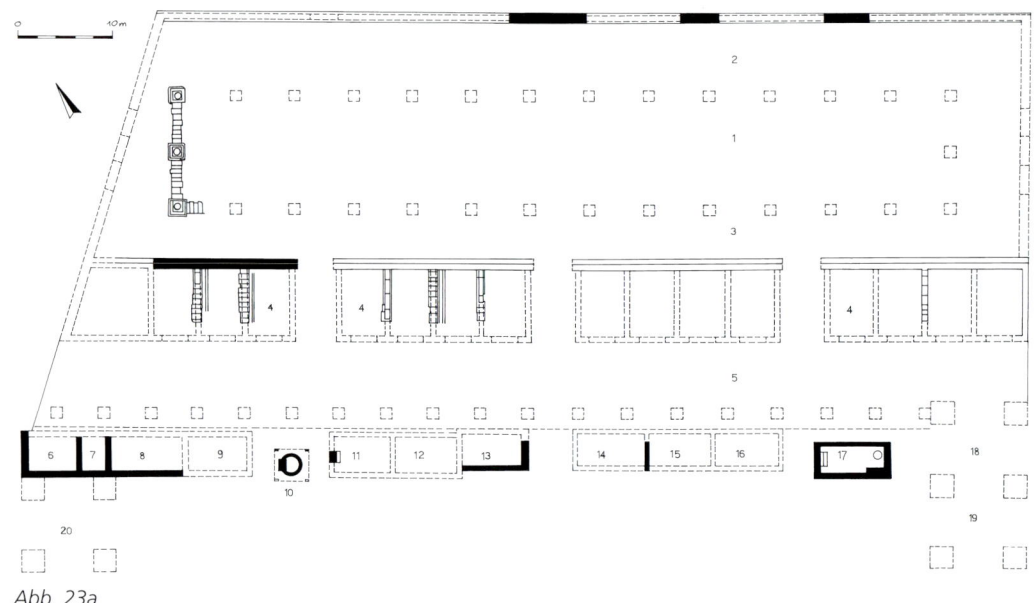

Abb. 23a

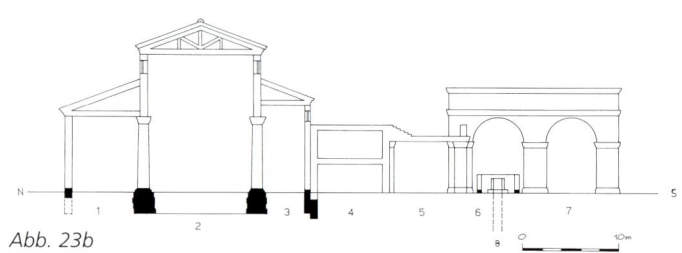

Abb. 23b

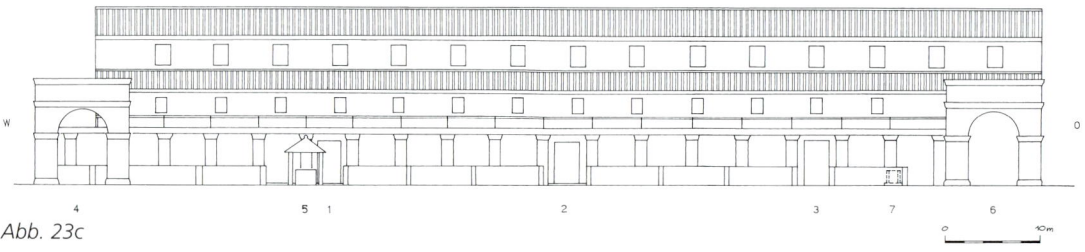

Abb. 23c

Abb. 23a Basilica Aemilia, erste Phase. Rekonstruktion des Grundrisses mit Angabe der Sacella und der vermuteten Torbauten.
1: Aula; 2: nördliches Seitenschiff; 3: südliches Seitenschiff; 4: Läden (Tabernen); 5: Portiken; 6–9: Sacella; 10: Sacellum der Venus Cloacina; 11–16: Sacella; 17: Puteal Libonis (?); 18. 19: Torbauten; 20: Heiligtum des Janus (?).

Abb. 23b Basilica Aemilia, erste Phase. Rekonstruierter Querschnitt von Norden nach Süden.
1: Nordschiff; 2: Aula; 3: Südschiff; 4: Läden (Tabernen); 5: Portiken; 6. 7: Republikanische Torbauten (?); 8: Puteal Libonis (?).

Abb. 23c Basilica Aemilia, erste Phase. Rekonstruierte Ansicht der Südseite.
1–3: Eingänge; 4: Heiligtum des Janus (?); 5: Sacellum der Venus Cloacina; 6: republikanischer Torbau (?); 7: Puteal Libonis.

die Nachfolgerbauten unverändert bei. Als Baumaterial wurden Tuff, ein lokales Vulkangestein, und Travertin, ein bei Tivoli gewonnener Kalkstein, verwendet. Bereits die ältesten nachweisbaren Läden aus dem frühen 2. Jh. v. Chr. verfügten über ein groß angelegtes Kanalsystem (Abb. 24). In jeder der Tabernen verlief etwa 30 cm vor der Rückwand eine Frischwasserleitung in einem leichten Gefälle von Osten nach Westen. Die in einem wasserdichten Verputz verlegten Bleirohre wurden in allen Bauphasen in gleicher Höhe erneuert. Parallel zu den Trennwänden der Läden verlief ein Abwasserkanal, dessen Wasser über unterirdische Sammelkanäle in die Cloaca Maxima geführt wurde. Aller Wahrscheinlichkeit nach war die Basilica Aemilia Standort der ältesten bekannten Wasseruhr in Rom, die nach den Nachrichten antiker Autoren der Censor P. Cornelius Scipio Nasica im Jahr 159 v. Chr. errichten ließ (Plin. nat. 7, 215; Varro ling. 6, 4; Cens. 23, 7). Varro erwähnt eigens deren Standort und zwar „im Schatten der Basilica Aemilia". Vermutlich ist diese Uhr in dem Laden neben dem östlichen Eingang auf der Südseite zu lokalisieren (Abb. 25). Im Unterschied zu allen anderen Läden hatte dieser an den Wänden und auf dem Boden einen wasserdichten Verputz aus Cocciopesto und war an der Front geschlossen. Zu diesem Raum, der als Standort für die Geräte mit den Wasserbehältern diente, hatten nur die für die Wartung und Reparaturen der Wasseruhr zuständigen Personen Zutritt. Die Größe des Apparats und die Fülle der historischen Überlieferung lassen auf eine bedeutende und viel beachtete Wasseruhr schließen, für deren

Abb. 24 Basilica Aemilia, Laden Nr. 2. Parallel zur westlichen Trennwand verläuft ein Abwasserkanal.

Abb. 25   Basilica Aemilia, Taberne Nr. 9, Standort der Wasseruhr. Wände und Boden sind mit Cocciopesto verkleidet.

Inbetriebnahme die Existenz eines Wasserleitungssystems vorauszusetzen ist. Beschädigungen durch Brandkatastrophen erforderten mehrfach Restaurierungen und Erneuerungen des Gebäudes. Spätestens im frühen 1. Jh. v. Chr. wurde die Basilika zu einer zweigeschossigen Halle ausgebaut. Diese erforderte Treppenhäuser, die man am östlichen und westlichen Ende der Ladenreihe einfügte (Abb. 26). Die Treppen führten zu einer Terrasse über den Portiken, von der aus Zugänge in das Obergeschoss des Innenraums bestanden. Auf der Terrasse befand sich eine zum Forumsplatz ausgerichtete Tribüne, die eine stabile Unterkonstruktion benötigte. Aus diesem Grund wurden nun zwischen den Tabernen neue 90 cm breite Trennmauern neben den nur 60 cm breiten alten Trennwänden hochgezogen, um stabilere Fundamente für die größere Last des Obergeschosses zu gewinnen. Die Läden waren von Tonnengewölben überspannt, die auf Kämpfergesimsen aus Travertin auflagen.

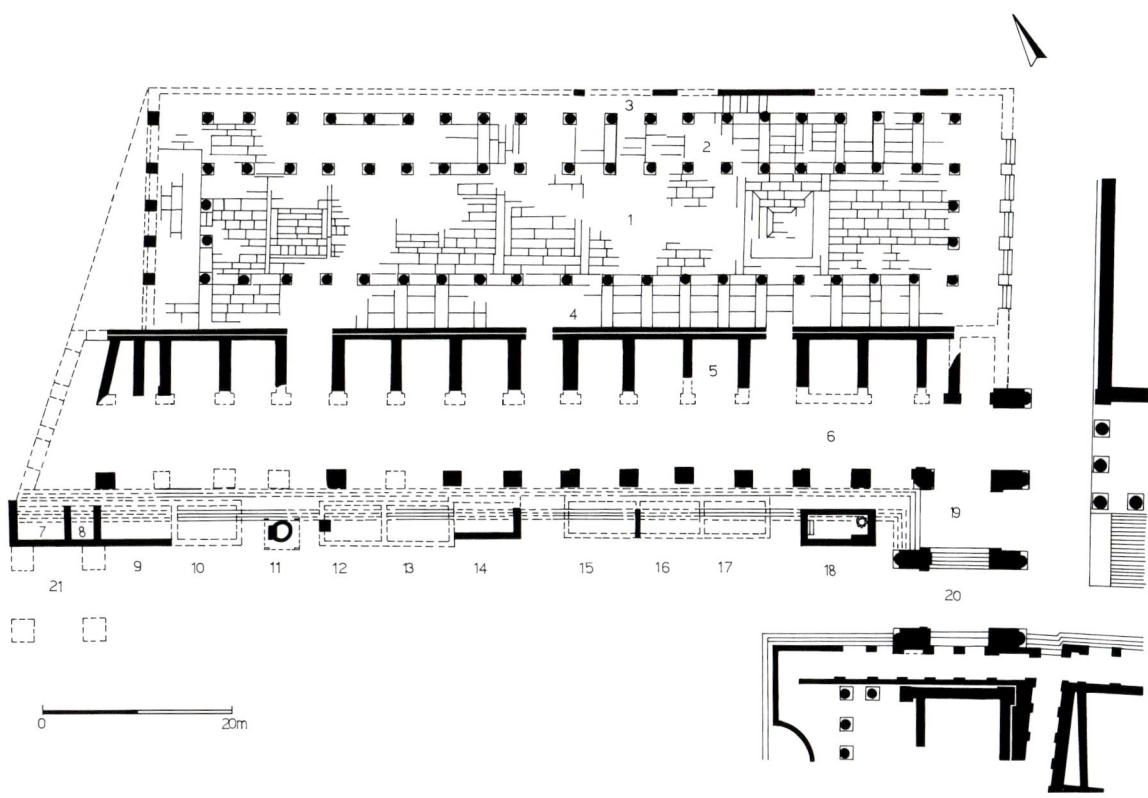

Abb. 26 Basilica Aemilia, schematische
Rekonstruktion des Grundrisses der
späteren Phasen.
1: Aula; 2: nördliches Seitenschiff; 3: Korridor; 4: südliches Seitenschiff; 5: Läden
(Tabernen); 6: Portiken; 7–10: Sacella;
11: Sacellum der Venus Cloacina;
12–17: Sacella; 18: Puteal Libonis (?);
19. 20: Torbauten; 21: Heiligtum des
Janus (?).

Die Basilica Sempronia

Zu den markantesten Großbauten dieser Zeit gehörte die Basilica Sempronia,
die annähernd die gleiche Grundfläche hatte wie die beiden Nachfolgerbauten aus caesarischer und augusteischer Zeit. Das Bauwerk befindet sich im
südwestlichen Bereich des Forums gegenüber der Basilica Aemilia im Norden,
dem Tempel der Dioskuren im Osten und dem Tempel des Saturn im Westen
(Abb. 27; vgl. Abb. 37). Vier Straßen umgeben das Gebäude: Die Via Sacra an
der Front im Norden, der Vicus Tuscus im Osten, der Vicus Iugarius im Westen
und eine nach Osten ansteigende Straße auf der Rückseite im Süden. Substruktionen ließen den Oberbau auf einer künstlichen Plattform hoch über dem
Forumsplatz aufragen, während die gegenüberliegende Basilica Aemilia auf
einem nahezu ebenerdigen und damit tieferen Niveau liegt. Der aus Travertin
hergestellte Fußboden ist nur um 30 cm tiefer als der darüberliegende Mar-

Abb. 27 Basilica Iulia, aktuelle Situation, Südostansicht.

morboden des caesarischen Gebäudes. An der Nordostecke der Basilica Sempronia ist der Stufenunterbau mit Quadern aus Tuff sichtbar. Der Bau steht auf einem kellerartigen, mit einem Gewölbe versehenen Unterbau. In diesem lag ein Kanalsystem, dessen Abwasser in die entschieden tiefer liegende Cloaca Maxima eingeleitet wurde.

Nach den Angaben von Livius (Liv. 44, 16, 10) wurde die Basilica Sempronia hinter den Tabernae Veteres errichtet. Diese durch die hohe Aufschüttung zum Teil verdeckten Läden zeigen in ihren oberen Partien Blöcke aus Tuff und Travertin, die mit großer Wahrscheinlichkeit zu der originalen Phase gehören. Die beträchtliche Höhe legt die Existenz von Kellerräumen in den Läden nahe. Vermutlich gab es einen Zugang von Süden über den ersten Stock, während der darunter liegende Keller mit dem Erdgeschoss der Basilica Iulia gleichzusetzen ist.

Das Forum Romanum als fiskalisches Zentrum von Rom

Die monumentalen Fassaden der beiden Basiliken und die Front des später am Anfang des 1. Jhs. v. Chr. errichteten Tabulariums (vgl. Abb. 16 [17]. 32) verliehen dem Forumsplatz ein aufwendig gestaltetes architektonisches Rahmenwerk, das der Forderung nach der σεμνότης und der *Forensis dignitas* entsprach. Die Basiliken dienten in erster Linie als Bank, Wechselhalle und Verkaufsstätte von Silberwaren. Zusammen mit dem Saturntempel, in dem die römische Staatskasse lag, und der Münzprägestätte im Tempel der Iuno Moneta auf der Arx machten die Großbanken das Forum Romanum zum fiskalischen Zentrum des römischen Staates. Dank seines hohen Standards erwies sich das Finanzsystem als arbeitseffizient. Die Intensivierung des Geldwesens im römischen Wirtschaftsleben hatte auf dem Forum seinen Ursprung.

Das Forum als Gerichtsstätte

Aufgrund ihres enormen Raumpotentials eigneten sich die Basiliken auch als Stätte für Massenversammlungen und insbesondere für öffentliche Gerichtsverhandlungen. In republikanischer Zeit fanden diese vorwiegend im Freien statt. Jeder Richter (Praetor) hatte einen eigenen Standort. Für das Tribunal benötigte man Tische, Tafeln für die Schreiber und Urnen für die Stimmabgabe. Das Mobiliar war nicht fest installiert, sondern es bestand aller Wahrscheinlichkeit nach aus ephemeren mobilen Holzkonstruktionen. Ein bevorzugter Standort war das Comitium (vgl. Abb. 15), da dessen Areal als eigener Geschäftsbereich ausgesondert werden konnte und damit dem öffentlichen Betrieb nicht ausgesetzt war. Prozesse fanden aber auch an geweihten und symbolträchtigen Orten statt. Dabei boten sich vor allem die kleinen Heiligtümer im zentralen Forumsbereich an, die durch ihre Verbindung mit bedeutenden Personen und Ereignissen aus der Vergangenheit im Gedächtnis der Stadtbewohner lebendig blieben.

Das Puteal Libonis

Zu den berühmtesten Beispielen gehört das Puteal Libonis. Denarii aus dem Jahr 62 v. Chr. zeigen die mit Reliefs geschmückte Außenwand des Brunnens (Abb. 28). Dargestellt sind die Attribute des Vulkan: ein Hammer, ein Paar Zangen, ein Amboss und die mit Lorbeer geschmückte Kappe. Die Verbindung des Silberschmiedehandwerks mit Münzen kommt anschaulich auf einem Silberdenar des T. Carisius zur Geltung, dessen Avers den Kopf der Iuno Moneta und dessen Revers die Attribute des Vulkan wiedergeben.

Abb. 28   Denar mit der Darstellung des Puteal Libonis.

Bei einem Rundaltar der Pietas aus Veji handelt es sich vermutlich um eine Replik des Puteal Libonis, der sich heute in den Vatikanischen Museen in Rom befindet (Abb. 29). Um die Wand verlaufen große Fruchtgirlanden, die an Leiern, dem Attribut des Apollon, hängen. Welche Bedeutung dieser Gott in der Verbindung mit dem Puteal hatte, ist bis heute nicht bekannt. In ihrer Bedeutung unmissverständlich sind aber die Attribute des Vulkan, die auf die Funktion der Tabernen als Verkaufsstätte von Silberwaren anspielen.

a

b

c

d

Abb. 29   Vatikanische Museen, Rundaltar der Pietas aus Veji, Replik des Puteal Libonis.
a–d) Reliefs mit den Attributen des Vulkan und Leiern mit Girlanden.

Das Puteal Libonis ist eng an die legislative und juristische Funktion gebunden. Es markiert den Sitz des Tribunal Praetoris, das der Volkstribun Scribonius Libo im Jahr 149 v. Chr. vom Comitium zum Forum verlegen ließ. Umstritten ist die Lokalisierung des Puteals, obwohl die Angaben der antiken Autoren zu dessen Position ziemlich genau sind. Nach den Angaben des Persius (Pers. 4, 49) versammelten sich die Geldverleiher, die *feneratores*, unweit des Brunnens des Scribonius Libo, der in der Porticus Iulia nahe beim Fornix Fabianus stand. Der Brunnen als Versammlungsort der *feneratores* lässt darauf schließen, dass er in unmittelbarer Nähe des Ianus Medius lag, der als Stätte der Zinsverleiher fungierte. Eine weitere topografische Angabe ist der Fornix Fabianus, der sich *iuxta Regiam* (Pseudasc., ad Cic. Verr. I 7, 19), *prope Vestam* (Pers. 4, 49) und *ante sacram viam inter templum Faustinae ac Vestam* (SHA Salon. 1) befand. Den Angaben zufolge lag der Bogen nicht südlich, sondern nördlich des Tempels des Divus Iulius (vgl. Abb. 1 [10]. 39). Aus letzterem Bereich stammt das Fragment eines dorischen Frieses aus Travertin, das zu dem Bogen gehörte und damit dessen Lage an dieser Stelle bestätigt. Als dritter Punkt ist die Porticus Iulia nahe beim Fornix Fabianus genannt, die sich demzufolge im nördlichen Bereich des Forums befand und mit großer Wahrscheinlichkeit mit den Portiken vor den Läden der Basilica Aemilia zu identifizieren ist (vgl. Abb. 23 a–c). Zu Lebzeiten der Stiefsöhne des Augustus hieß sie Porticus Gai et Luci und erhielt ihren ursprünglichen Namen nach dem frühen Tod von Gaius und Lucius Caesar zurück. Ein analoger Vorgang ist auch für die Basilica Iulia zu postulieren. Nach den überlieferten topografischen Gegebenheiten zu urteilen, befand sich das Puteal Libonis im südöstlichen Bereich der Portiken vor der Basilica Aemilia. Es handelt sich aller Wahrscheinlichkeit nach um das Heiligtum an der Südostecke der Portiken, das im hinteren Bereich des Sacellum eine runde Brunnenfassung aufweist (vgl. Abb. 3 a. b. 23 a [17]. b [8]. c [7]). Zieht man die Form und Bedeutung dieser Kultstätte und die topographischen Angaben antiker Autoren in Betracht, so ist der Sakralbau mit dem Puteal Libonis gleichzusetzen. Die Lokalisierung dieses Ortes als Sitz des Tribunal Praetoris wird durch weitere Indikatoren gestützt: Unweit dieser Stelle befand sich in der Taberne 9 die bekannte Wasseruhr, die den Zeitpunkt des Beginns der Gerichtsverhandlungen anzeigte (vgl. Abb. 25. 33 [2]).

Das Forum als Synonym für Prozess und Gericht

In der Kaiserzeit wurden die Gerichtsverhandlungen weitgehend in die Basiliken verlegt. Die steigende Anzahl von Besuchern bei den Prozessen konnten in einem geschlossenen Raum besser unter Kontrolle gehalten werden als im Freien. Während der Prozesse saßen die Besucher auf Bänken vor dem Tribunal. Manche ließen sich aber auf den Stufen nieder oder lehnten an den

Säulen der Basilika. Nach den Angaben von Seneca (Sen. dial. 9, 12, 1–4) hielten sich einige Leute auf dem Forum in der Absicht auf, bei wichtigen Ereignissen sofort präsent zu sein und sich dabei nichts Neues oder Interessantes entgehen zu lassen. Neben den Schaulustigen und Müßiggängern besuchten auch Rhetoren und Studenten der Rhetorik das Gericht, in dem sie die Redner hören und das praktische Verfahren der Prozesse verfolgen konnten. Ähnliche Gründe bewogen Plinius in die Basilica Iulia zu gehen, um sich auf seine Gegner für den nächsten Prozess vorzubereiten (Plin. epist. 5, 9, 1).

Bei den Zivilprozessen tagten verschiedene Gerichte. Die von Quintilian überlieferten (Quint. inst. 12, 5, 6) Centumviralgerichte waren vor allem für Erbschafts- und Eigentumsangelegenheiten zuständig, während die Decemviralgerichte den Freiheitsprozessen galten. Neben den Zivilprozessen fanden auch Strafprozesse auf dem Forum Romanum statt. Antike Nachrichten bezeugen die Anwesenheit des Kaisers bei Strafprozessen (Suet. Tib. 8, 2; Suet. Dom. 8, 1; Plin. epist. 2, 11; Cass. Dio 57, 7, 2 [Tiberius]; 60, 4, 3 [Claudius]). War der Kaiser verhindert, so konnte die Verhandlung sogar vertagt werden (Tac. ann. 2, 35). Dabei ist aber zu beachten, dass der Kaiser nur an den wichtigsten Strafprozessen teilnahm. Das Forum Romanum war nicht nur Gerichtsstätte, sondern auch Ort der Urteilsvollstreckung. Die seit republikanischer Zeit praktizierten Hinrichtungen auf dem Forum bedeuteten eine Befleckung der Kultstätten mit dem Blut der Verbrecher. Aus diesem Grund forderte Cicero die Verlegung der Hinrichtungen auf das Marsfeld (Cic. Rab. perd. 3, 10; 4, 11). Hinrichtungen auf dem Forum fanden allerdings noch im späten 1. Jh. n. Chr. statt. Ein Beispiel dafür liefert das Todesurteil gegen den Liebhaber der Vestalin Cornelia, der auf dem Comitium zu Tode geprügelt wurde. Todesstrafen wurden auch in dem am Rande des Forums gelegenen Carcer Tullianum unter Ausschluss der Öffentlichkeit ausgeführt. Nach der Vollstreckung stellte man die Leichen der Delinquenten auf den an das Forum angrenzenden Scalae Gemoniae zur Schau. Die enge Verbindung des römischen Prozesswesens mit dem Forum Romanum kommt auch in dem Begriff Forum als Synonym für Prozess und Gericht zur Geltung. Laut den Angaben antiker Autoren war die Anzahl der Prozesse extrem hoch, für deren Ausübung sogar drei Fora beansprucht wurden.

Das Forum als Platz für öffentliche Aufführungen und Zeremonien

Die enge Verbindung zwischen Plätzen für Versammlungen und Aufführungen machte das Forum Romanum zu einem idealen Ort für Darbietungen aller Art. Zu den wichtigsten Veranstaltungen gehörten die mit dem Triumphzug und den Ludi Romani verbundenen Prozessionen. Eine zentrale Rolle für öffentliche Aufführungen spielte der Forumsplatz, dessen Langseiten von Zuschauertribü-

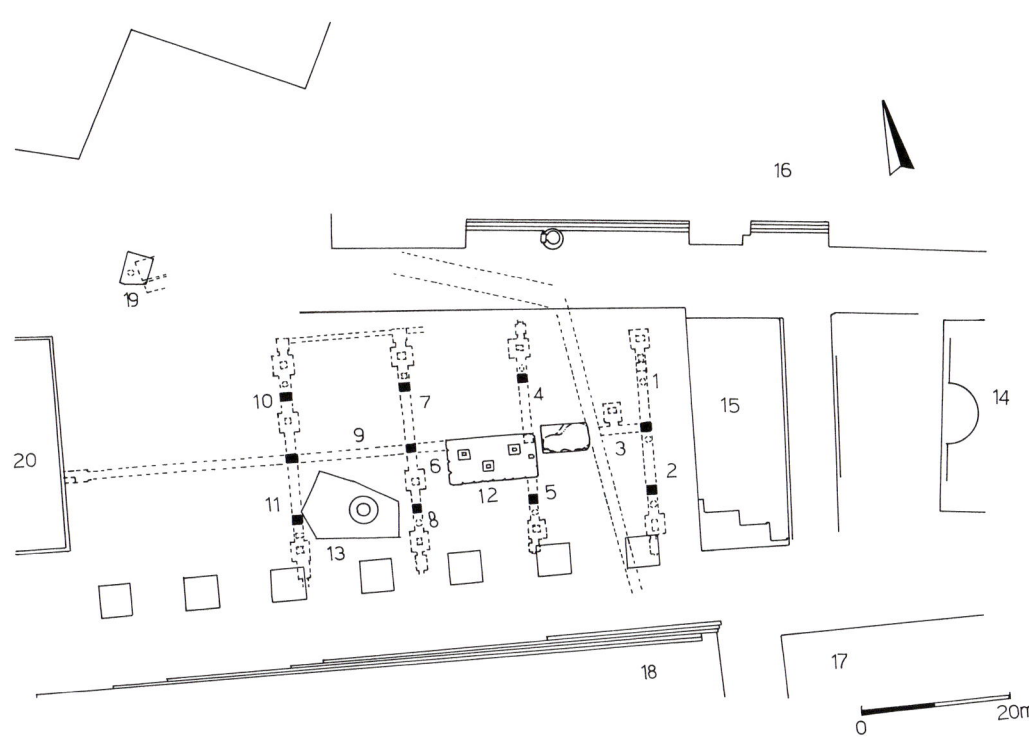

Abb. 30   Forumsplatz, Netz unterirdischer Gänge.

1–11: Arme der unterirdischen Gänge;
12: Doliola; 13: Lacus Curtius; 14: Tempel
des Divus Iulius mit vorgesetzten Rostra;
15: Nordseite des Forumplatzes;
16: Basilica Aemilia; 17: Tempel der Dioskuren; 18: Basilica Iulia; 19: Lapis Niger;
20: Rostra.

nen, den über den Portiken und Läden der beiden Basiliken liegenden Maeniana, flankiert wurden. Zugleich diente der Platz als Stätte für Gladiatorenkämpfe. Wie in dem späteren Bau des Kolosseums, so befinden sich auch auf
dem Forumsplatz mehrere Brunnenschächte und ein mit diesen verbundenes
Netz unterirdischer Gänge (Abb. 30). Die für die Aufführungen der *munera*
und *venationes* bestimmten Einrichtungen stammen aus der ersten Hälfte des
1. Jhs. v. Chr., als die Platzanlage auch ein neues Pflaster erhielt. Weitere Tribünen wurden auf dem Forumsplatz errichtet, deren leichtes Material ein schnel-
les Auf- und Abbauen ermöglichte (Abb. 31). Für die *munera* mussten Eintritts-
gelder bezahlt werden. Nach der Überlieferung von Plutarch (Plut. C. Gracch.
33, 5–6) setzte erst C. Gracchus im Jahr 122 v. Chr. den freien Eintritt für die
Armen durch. Diesem Umstand zufolge war der Zugang zu den Galerien der
Basiliken während einer Aufführung bis zu diesem Zeitpunkt nicht kostenlos.
Eine Bestätigung dafür liefert eine Nachricht des Architekturschriftstellers Vitruv (Vitr. 5, 1, 2). Aller Wahrscheinlichkeit nach hatten die *munera* funeralen
Charakter und waren damit fester Bestandteil der Leichenfeiern, die traditions-
gemäß bis in die späte Kaiserzeit auf dem Forumsplatz vollzogen wurden.

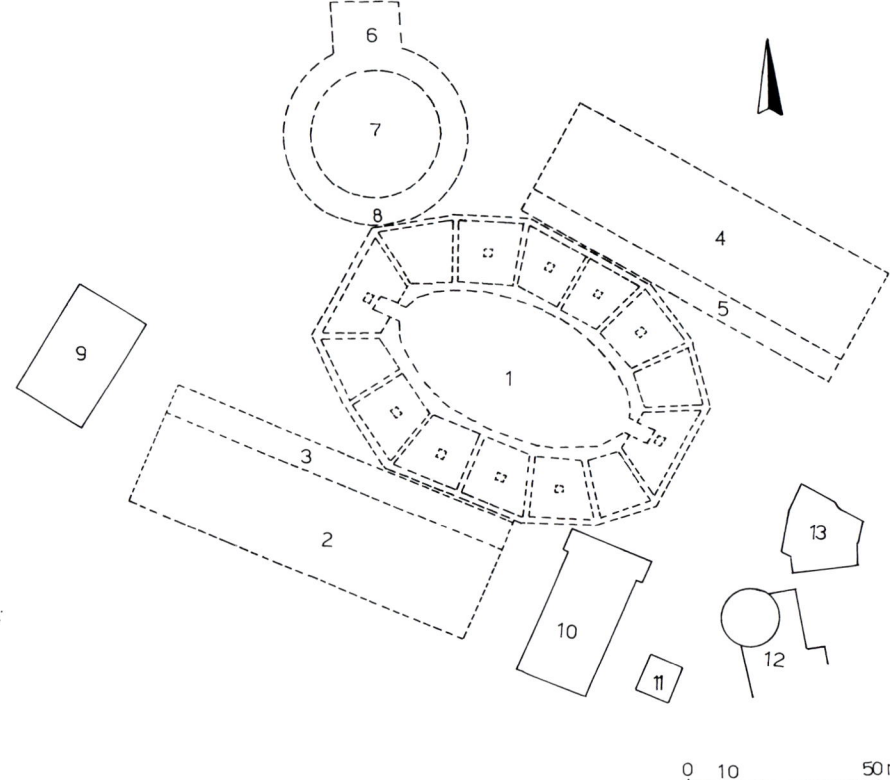

Abb. 31 Zentraler Forumsplatz, Lageplan mit Rekonstruktion der temporär aufgestellten Tribünen in republikanischer Zeit.
1: Tribünen; 2: Basilica Sempronia;
3: Tabernae Veteres; 4: Basilica Aemilia;
5: Tabernae Novae; 6: Curia Hostilia;
7: Comitium; 8: Rostra; 9: Tempel des Saturn; 10: Tempel der Dioskuren;
11: Lacus Iuturnae; 12: Atrium und Templum Vestae; 13: Regia.

Die späte Republik: das Konkurrieren um öffentliche Ehrungen

Im 2. Jh. v. Chr. konkurrierten die politischen Eliten in Rom um öffentliche Ehrungen, die sich in der Aufstellung zahlreicher Ehrenstatuen und Monumente auf dem Forum Romanum kundtat. Der Brauch nahm solche Dimensionen an, dass die Censoren im Jahr 158 v. Chr. alle diejenigen Bildwerke vom Forum und dessen Umgebung entfernen ließen, die nicht von dem Senat und dem Volk gebilligt waren. Auf diese Weise wurde der Umgang mit den öffentlichen Ehrungen und Erinnerungen vom Staat offiziell geregelt.

    War das Forum Romanum bis zum Ende des 2. Jhs. v. Chr. Ort der Erinnerung an die Leistungen und Verdienste der Bürgergemeinde Roms, so wurde es im 1. Jh. v. Chr. immer mehr zum Schauplatz für die politischen Intentionen einzelner Machthaber. Am Anfang dieser Reihe steht der Diktator Sulla, zu dessen Lebzeiten in Rom und Latium herausragende Bauwerke errichtet wurden, die zu den bedeutendsten Schöpfungen der republikanischen Architektur gehören. Ein exponiertes Beispiel ist das Tabularium, in dem die Staatsarchive aufbewahrt wurden (Abb. 32; vgl. Abb. 16 [17]). Das Gebäude, das im Asylum, der Senke zwischen den Hügelkuppen des Kapitols und der Arx hoch über dem Westende des Forums aufragt, wurde nach einem Brand im Jahr 83 v. Chr. unter der Aufsicht von Q. Lutatius Catulus wiederaufgebaut. Bis heute beherrscht die monumentale Fassade das Erscheinungsbild des Forum Romanum auf der Westseite. Große Quaderblöcke aus Aniene-Tuff und Peperin bilden den fast 74 m langen Unterbau. Über ein schmales Treppenhaus, das zwischen der Fassade und dem Felsen liegt und dessen Zugang später durch den Tempel des Divus Vespasianus (vgl. Abb. 62. 64 [28]) verbaut wurde, gelangte man in die Räume des oberen Stockwerks. Über diesem verläuft ein offener Gang, der sich mit Bögen zum Forum hin öffnet. Die Arkaden liegen auf Kämpfergesimsen auf und werden von dorischen Halbsäulen aus Peperin gerahmt. Das darüber folgende Epistyl besteht aus Travertin, von dem der Architrav sowie Partien eines dorischen Metopen- und Triglyphenfrieses erhalten sind. Über dem abschließenden Gesims verlief ein zweites Geschoss. Das architektonische Motiv des von Halbsäulen gerahmten Bogens, der Kontrast zwischen dem weißen Travertin und dem dunklen Tuff sowie die Verwendung einer dorisierenden Ordnung sind typische Eigenheiten für die Fassadengliederung spätrepublikanischer Bauwerke, wofür das zeitgleiche Heiligtum des Hercules Victor in Tivoli und das Heiligtum der Fortuna Primigenia in Praeneste

Abb. 32   Tabularium, Fassade, Ostseite.

0   5m

Abb. 33 Basilica Aemilia, Rekonstruktion der Südfassade.
1: Portikenfront; 2: Wasseruhr; 3: Terrasse, Attika mit Imagines clipeatae *und „Partherstatuen"; 4: Terrasse, Loggia mit Rankenpfeilern.*

anschauliche Zeugnisse liefern. Elemente der dorischen Ordnung setzten sich gleichsam an den Portiken der Basilica Aemilia (Abb. 33; vgl. Abb. 72 a. b) und der Fassade der Basilica Iulia fort (Abb. 34). Durch dieses architektonische Rahmenwerk hebt sich der zentrale Forumsplatz als eigene Anlage von dem übrigen Forum Romanum ab. Die archaisierende Gestaltungsweise ist als Würdeformel zu verstehen, die im Sinn der *Forensis dignitas* den Platz nobilitierte.

Abb. 34   Basilica Iulia, modern restaurierte Arkade mit kompositer Ordnung und dorischen Elementen.

Sulla setzte in der Gestaltung des Comitiums persönliche Akzente. Anstelle der alten Curia Hostilia ließ er eine neue erbauen und nannte sie nach seinem Gentilnamen Curia Cornelia (vgl. Abb. 17 [13]). Auf die Präsenz des Diktators verweist auch eine ihm errichtete vergoldete Reiterstatue, die an der prominentesten Stelle des Forums, den Rostra, ihren Platz hatte. Nur die allerbedeutendsten Politiker der späten Republik wie Pompeius, Caesar und der junge Octavian-Augustus hatten das Privileg, dass ihnen an einem so symbolträchti-

Abb. 35   Curia Iulia, Front, Südostansicht.

gen Ort wie den Rostra Reiterstatuen errichtet wurden. Diese Form öffentlicher Repräsentation steht als exemplarisches Bild für das kommende politische Geschehen in Rom, die Alleinherrschaft im Staat.

Das caesarische Bauprogramm: Die Aufhebung der republikanischen Verfassung und die Entpolitisierung des Volkes

Die geplanten Bauvorhaben Caesars bewirkten radikale Veränderungen in dem Erscheinungsbild und der Funktion des Forum Romanum. Mit dem Bau des Forum Iulium im Jahr 46 v. Chr. verband Caesar die Intention, seine Macht neu zu definieren. Da die neue Platzanlage den nordwestlichen Bereich des Forum Romanum tangierte, war auch eine Umgestaltung des Comitium notwendig. Die sullanische Curia ließ er ersetzen durch den Tempel der Felicitas, der Göttin seines eigenen politischen Glücks. Eine neue Curia wurde weiter im Nordwesten auf dem Platz des Comitiums errichtet und nach seinem Namen Curia Iulia genannt (Abb. 35; vgl. Abb. 1 [41]. 69). Diese Maßnahme und die Verlagerung der Rostra auf die Westseite des Forumsplatzes (Abb. 36; vgl. Abb. 42 [20]) bedeuteten eine Auflassung der traditionellen Stätte der Volksversammlungen. Auf diese Weise wurde das einstige politische Zentrum zum Erinnerungsort einer einzigen Person. Verschwunden waren nun im politischen Herz Roms die für die drei Organe der republikanischen Verfassung bestimmten Einrich-

Abb. 36 Forumsplatz, Rostra, Westseite.

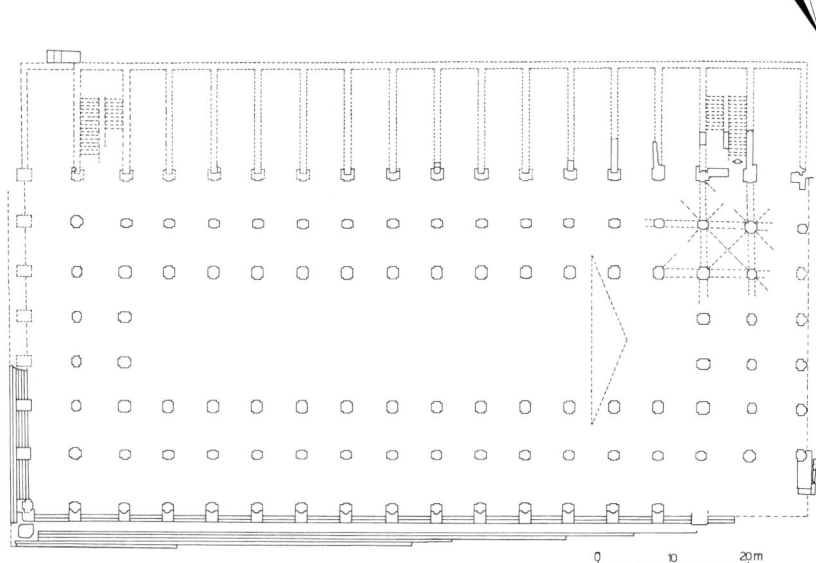

Abb. 37   Basilica Iulia, schematischer Grundriss.

tungen. In diesem Vorgang tritt die permanente Vergegenwärtigung eines Alleinherrschers offen zutage und zugleich leitete die Situation den Prozess der Entpolitisierung des Volkes ein.

Der caesarische Bau der Basilica Iulia

Ein weiteres Werk Caesars war der Neubau der nach ihm benannten Basilica Iulia (vgl. Abb. 27. 42 [15]). Im Jahr 54 v. Chr. gab Caesar den Auftrag zu einem Neubau, der in der Höhe und der Verwendung kostbarer Marmorsorten den Vorgängerbau übertraf. Als der Bau 46 v. Chr. eingeweiht wurde, waren die Arbeiten noch nicht abgeschlossen. Erst während der Herrschaft des Kaisers Augustus wurde der Monumentalbau vollendet. Bei diesem handelt es sich um eine fünfschiffige Basilika, die mit einer Fläche von 107 x 51 m einen halben Hektar einnimmt (Abb. 37). Die 75 x 16 m große und etwa 30 m hohe Aula besaß ein Giebeldach, das von einem Dachstuhl aus Holz gestützt wurde. Das erhöhte Mittelschiff überragte die zweigeschossigen Seitenschiffe. Diese besaßen eine doppelte Pfeilerstellung, die in der Südostecke noch aufrecht steht. Eine Ausnahme bildet das zum Forum gewandte nördliche Seitenschiff, das eingeschossig war und darüber wie die Portiken vor der Südseite der Basilica

Aemilia eine Terrasse hatte. Beide zeigen auch dieselbe Fassadengliederung: Arkaden überspannten Pfeiler, auf deren Stirnseite Halbsäulen mit einer dorisierenden Ordnung aufragten. Es ist anzunehmen, dass auch das südlichste Seitenschiff der Basilica Iulia mit einer Terrasse versehen war. Die Anlage hätte den Vorteil gehabt, die Terrasse über dem in diesem Bereich anstehenden Gelände direkt zu erreichen und von diesem Punkt aus in das zweite Geschoss des nächsten nach Norden anschließenden Seitenschiffes zu gelangen. Auf diese Weise wäre der Zugang zu dem monumentalen Bauwerk für die Besucher entschieden einfacher gewesen, als wenn das Obergeschoss nur über die beiden Treppen in den Räumen am östlichen und westlichen Ende der Ladenreihe zugänglich gewesen wäre. Von der Ausstattung des caesarischen Baus zeugt der Fußboden, der in den beiden nördlichen Seitenschiffen erhalten ist. Es handelt sich um dicke und große Marmorplatten massiver Formgebung, die zu den fein geschnittenen und dünnen Produkten aus augusteischer Zeit scharf kontrastieren. Dieser Phase sind auch die Pfeiler aus Travertin und wenige ornamentierte Bauglieder aus Marmor zuzuschreiben. Wenn auch dieser Bau weniger spektakulär war als der Neubau der Rostra auf dem Forumsplatz, so blieb mit dem Gebäude die Erinnerung an den *Dictator perpetuus* präsent und sie stellte zugleich die einstige prestigeträchtige Basilika des Sempronius Gracchus in den Schatten.

Die Frage nach der innovativen Bedeutung des caesarischen Bauprogramms ist nur schwer zu beantworten, zumal Augustus viele der unvollendeten Bauwerke seines Vorgängers modifizierte und zum Abschluss brachte. Waren die Änderungen Caesars mehr praktischer Natur, so versah Augustus die Gebäude vor allem mit symbolischen Werten. Caesars Bauvorhaben sollten im Sinn der *Forensis dignitas* das Ansehen des alten Forums vermehren, denn all das ältere Werk ist weniger schön als das neue, das nun „Magnum" genannt wurde (Cass. Dio 43, 22, 2).

Von der Kaiserzeit bis zur Spätantike
(31 v. Chr. – 7. Jh. n. Chr.)

Das Forum Romanum als städtische Bühne für die Zelebration des Kaisers und dessen Vergöttlichung

Das topographische Erscheinungsbild des Forum Romanum änderte sich in vielen Zügen, als mit der Machtübernahme des Augustus nach der Schlacht von Actium im Jahr 31 v. Chr. ein tiefgreifender Wandel des politischen Systems stattfand: An die Stelle der republikanischen Verfassung trat das Prinzipat, in dem der Kaiser nach und nach alle Gewalten in sich vereinigte und zum zentralen politischen Leitbild wurde.

Der Tempel des Divus Iulius: ein Kultbau für einen neuen Gott

Dieser Wandel manifestiert sich sichtbar in der neuen Gestaltung des Forumsplatzes und insbesondere in dem Bau des Tempels des Divus Iulius, der geradezu einen Wendepunkt in der Bedeutung des Forum Romanum markierte

Abb. 38 Ansicht der Gebäude an der Ostseite des Forumsplatzes.
1: Basilica Aemilia; 2: Läden (Tabernen); 3: Portiken; 4: Bogen des Gaius und Lucius Caesar; 5: Bogen der Fasti Consulares und Triumphales; 6: Tempel des Divus Iulius mit vorgesetzten Rostra; 7: Augustusbogen („Actiumbogen").

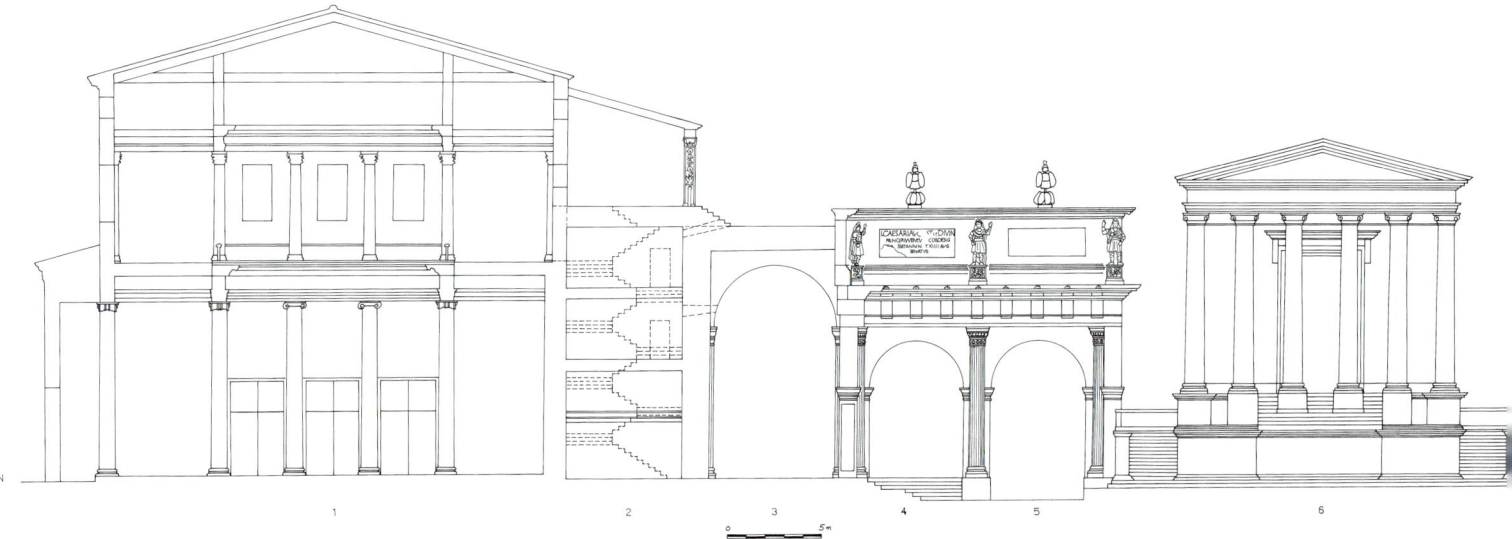

(Abb. 38 [6]. 39; vgl. Abb. 1 [10]). Der Tempel wurde auf dem Terrain errichtet, auf dem man den Leichnam des Diktators verbrannt hatte. Nach dem Ereignis wurden ein Altar und eine zwanzig Fuß hohe Säule aus Giallo Antico mit der Aufschrift *parenti patriae* aufgestellt. Da die Prunksäule jedoch den Unmut der Caesargegner schürte, wurde sie nach kurzer Zeit von dem Konsul Dolabella entfernt. Gegen 42 v. Chr. beschloss der Senat den Bau des Tempels, der von Octavian vollendet und am 18. August 29 v. Chr. eingeweiht wurde. Von dem Bau ist nur das Gussmauerwerk der Substruktionen erhalten, die einst das Podium trugen. Auf diesem ragte der Tempel hoch empor, der vermutlich auf gleicher Höhe postiert war wie die Cella des benachbarten Tempels der Dioskuren. Münzen zeigen den Tempel mit einer Vorhalle, die an der Front sechs Säulen und eine weitere an den Langseiten hatte. Fragmente von Kapitellen, die sich in dem Bereich des Bauwerks fanden, lassen auf eine korinthische Ordnung schließen. Diese und zahlreiche Fragmente des Konsolengesimses der äußeren Ordnung sind nach ihrem Stil in die frühaugusteische Zeit zu datieren und bestätigen damit das überlieferte Datum der Einweihung. Auf den Münzbildern ist im Tympanon des Tempels ein Stern, das *sidus Iulium*, dargestellt. Dieser spielt auf einen Kometen an, der während der Spiele für die Divinisierung Caesars am Himmel erschienen sein soll.

Der Kult des vergöttlichten Caesar wurde durch einen Senatsbeschluss offiziell anerkannt und zugelassen. Dem Divus wurden jetzt alle kultischen Ehrungen zuteil, die auch den offiziellen Gottheiten zustanden. Aus diesem Grund wurde eine eigene Priesterschaft, die Flamines, mit der Betreuung des Kults beauftragt. Der Akt der Vergöttlichung einer historischen Person war in Rom zu dieser Zeit ein Novum, aber für den Vorgang gibt es Vorbilder aus dem hellenistischen Herrscherkult im Osten. Es war der erste Kultbau in Rom, der nicht nur einem verstorbenen Machthaber, sondern vor allem dessen Divinisierung galt. Die Ausstattung des Tempels des Divus Iulius verweist auf drei Bedeutungsebenen: 1. Die Kultstatue des vergöttlichten Caesar deklariert das Bauwerk als Tempel eines neuen Gottes. 2. Die mit Viktorien ausgestattete Architekturdekoration und die aus den Beutebeständen geweihten Gaben weisen den Kultbau als ein Siegesmonument des Octavian aus. 3. Das Gemälde mit der Darstellung der Venus, der Stammmutter der *gens Iulia*, verleiht dem Monument einen dynastischen Charakter. Der Sakralbau diente nicht nur der Vergöttlichung des verstorbenen Diktators, sondern zugleich der Herrschaftslegitimation für Augustus, der sich dabei selbst in die Tradition der *gens Iulia* einreiht. Das Gebäude gewährte zudem Schutzsuchenden Asyl. Das Privileg der Asylie war vor allem griechischen Heiligtümern im Osten eigen und demonstriert die Autonomie und Unantastbarkeit der Kultstätte. Eine solche Bedeutung ist bis dahin bei römischen Heiligtümern nicht bekannt.

Im Unterschied zu den anderen römischen Sakralbauten, die neben der religiösen Bestimmung an konkrete Funktionen wirtschaftlicher und politischer Art

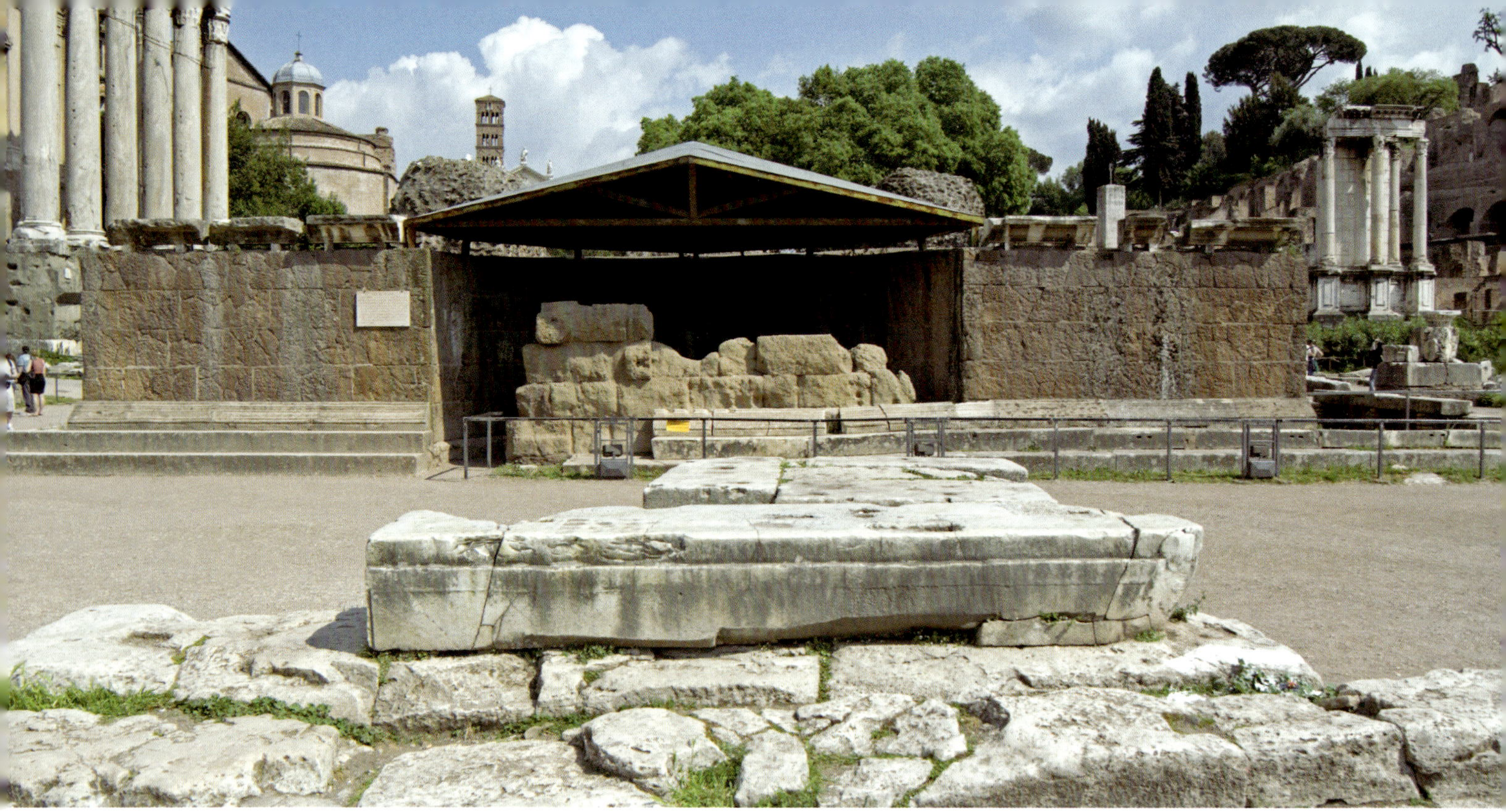
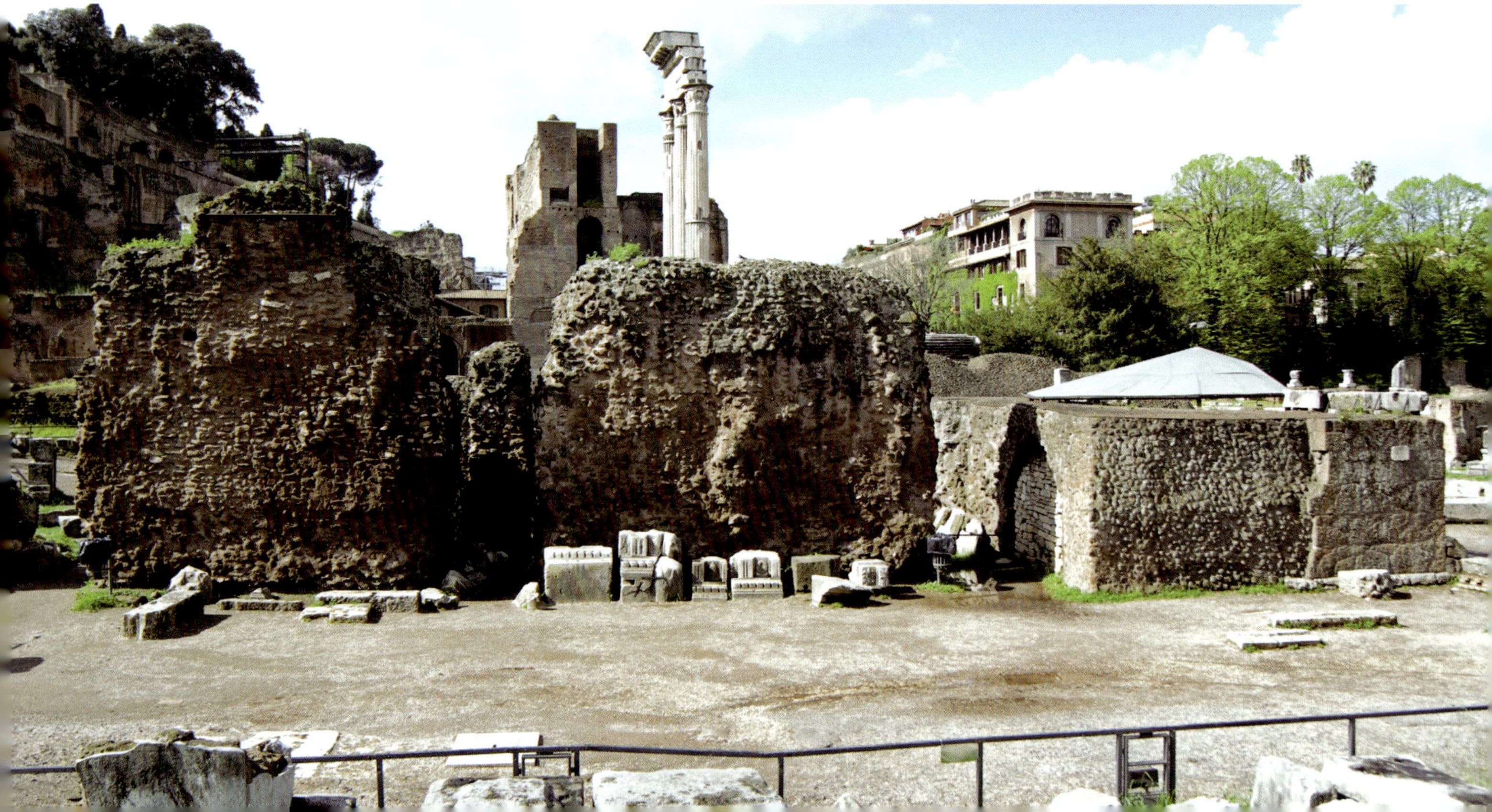

Abb. 39   Tempel des Divus Iulius.
a) Rednertribüne (Rostra) Front; b) Tempel, Unterbau (Substruktionen) aus Gussmauerwerk; c) Aureus, Tempel des Divus Augustus.
Das Münzbild zeigt im Giebel das sidus Iulium und in der Cella das Kultbild mit dem Augurstab, dem lituus.

gebunden waren, hatte der Tempel des Divus Iulius einen rein symbolischen Wert als Erinnerungsort für die Vergöttlichung einer historischen Person. Aber nicht nur der Bau selbst, sondern auch dessen Lage auf der Ostseite des Forumsplatzes neben dem traditionsreichen Tempel der Dioskuren (vgl. Abb. 19) und der benachbarten Regia (vgl. Abb. 12) war symbolträchtig (vgl. Abb. 1 [10. 12. 17]).

Eine neue Rednertribüne: die Rostra ad Divi Iulii

Vor dem Kultbau befindet sich eine Rednerbühne, die mit den Rostra ad Divi Iulii zu identifizieren ist (vgl. Abb. 1 [10]). Fein geschnittene Quadern aus Aniene-Tuff bilden die Schauseite, die im Zentrum eine halbkreisförmige Einbuchtung besitzt. In dieser steht ein runder Altar, der angeblich den Ort der Einäscherung der Leiche Caesars markierte. Zu einem späteren Zeitpunkt, wahrscheinlich im Mittelalter, wurde der halbkreisförmige Rücksprung mit einer Mauer aus Tuffquadern zugesetzt. Die Front war auf beiden Seiten von Treppen flankiert, die zum Bodenniveau der Rednertribüne führten. Von diesem aus gelangte man zu dem weiter hinten liegenden Tempel, dessen Front hoch über dem vorderen Bau aufragte. Von besonderer Bedeutung war der Schmuck der Rednerbühne, die wie ihr Pendant im Westen mit Schiffsschnäbeln versehen war. Auf diese Weise hatte das Monument einen symbolischen Bezug zu dem älteren Bau (vgl. Abb. 16 [28]. 36), der mit seinen Schiffsschnäbeln an die gewonnene Seeschlacht von Antium im Jahr 338 v. Chr. erinnerte. Mit der Errichtung der neuen Rostra reihten sich Caesar und sein Nachfolger Augustus in die Leistungen der Vorfahren aus republikanischer Zeit ein. Die Rostra ad Divi Iulii hatten einen höheren Stellenwert als das entsprechende Bauwerk auf der Westseite des Platzes. Deutlich zeichnete sich die Priorität der erstgenannten bei der Leichenfeier des Augustus ab: An dieser hielt Tiberius als erster Redner die Laudatio, während Tiberius' Sohn Drusus als zweiter Redner am westlichen Pendant sprach. An den neuen Rostra fand auch die Leichenfeier von Augustus' Schwester Octavia statt. Die Rostra fungierten als Kulisse auch bei anderen Ereignissen. Im Sommer 9 v. Chr. wurde ein Plebiszitverfahren *pro rostris aedis Divi Iulii* abgehalten. Derselbe Bau diente auch als Schauplatz für düstere Darbietungen wie die Verbrennung verbotener Bücher, die in regelmäßigen Abständen im 1. Jh. n. Chr. durchgeführt wurden.

Die Ehrungen für Octavian-Augustus, den Sieger von Actium

Nach dem Sieg des Augustus gegen Marcus Antonius in der Seeschlacht von Actium im Jahr 31 v. Chr. wurden dem neuen Herrscher zahlreiche Ehrenmonumente auf dem Forum Romanum errichtet. Von besonderer Bedeutung ist

Abb. 40   Denar mit der Darstellung einer Columna Rostrata, die von einer Statue Octavians bekrönt ist.

Abb. 41   Denar mit der Darstellung einer Ehrenstatue des Augustus für den Sieg über Sextus Pompeius im Jahr 36 v. Chr.

die Aufstellung einer Columna Rostrata zum Andenken an den entscheidenden Seesieg des Augustus über Sextus Pompeius in der Seeschlacht bei Naulochos im Jahr 36 v. Chr. Nach Ausweis der Münzbilder stand auf der Säule eine Statue des Augustus, die ihn in heroischer Nacktheit mit einer Lanze und einem Schwertgehänge zeigt (Abb. 40). Im Unterschied zu der alten Columna Rostrata aus republikanischer Zeit, die in frommer Weise und mit Stolz an die von Rom geschaffene Befriedung der Welt zu Wasser und zu Lande erinnerte, propagiert die neue Säule den universalen Anspruch der Herrschaft des Augustus, die charakteristisch für die neue Weltordnung wird. Die Bildpropaganda liefert noch eine weitere Botschaft: Auf einem Denar ist eine Ehrenstatue des Augustus dargestellt, die ihn in heroischer Nacktheit wiedergibt (Abb. 41). In der rechten Hand hält er das Heckteil eines feindlichen Schiffes als Siegestrophäe einer Seeschlacht. Weist die Lanze in der linken Hand Augustus als Feldherrn aus, so verkündet die Weltkugel unter dem aufgesetzten Fuß seine Allein- und Weltherrschaft. Das Forum Romanum wurde nun als Zentrum der Welt proklamiert. Ein anschauliches Zeugnis für diesen Anspruch liefert Plinius (Plin. nat. 3, 66), der das Milliarium Aureum als das Zentrum der Stadt nennt (Abb. 42 [21]. 43). Es handelte sich dabei um eine von Augustus im Jahr 20 v. Chr. neben dem Tempel des Saturn aufgestellte Säule aus vergoldeter Bronze, auf welcher die Entfernungen zwischen den Hauptstädten des Imperium Romanum und Rom angegeben waren. Von ähnlicher Aussage zeugt ein runder Ziegelsteinbau hinter der halbkreisförmigen Rednertribüne Caesars, der als Mundus und auch als Umbilicus Urbis, der Nabel der Stadt, bezeichnet wird (vgl. Abb. 1 [29]. 9). Dieser Kultbau, der wie viele der kleinen Heiligtümer auf dem Forumsplatz eng mit den Gründungsriten der Stadt Rom verbunden ist, markiert Rom als das Zentrum der Welt.

Die Bauwerke auf der Ostseite des Forumsplatzes als bleibende Erinnerung an die augusteische Dynastie

Der Augustusbogen

Nach der Überlieferung von Cassius Dio (Cass. Dio 51, 19, 1) wurde Octavian nach seinem Sieg über Marcus Antonius in der Seeschlacht von Actium im Jahr 29 v. Chr. ein Triumphbogen auf dem Forum Romanum errichtet. Der als Augustusbogen bezeichnete Triumphbogen stand zwischen dem Tempel des Divus Iulius und der Aedes Castorum und gewährte Zugang zu dem Seitenarm der Via Sacra auf der Südseite des Forumsplatzes (Abb. 44 [7]; vgl. Abb. 38 [7]). Nach neuerlichen Grabungen von R. Gamberini-Mongenet wurde der „Actiumbogen" angeblich durch einen im Jahr 19 v. Chr. neu errichteten Torbau an dieser Stelle ersetzt, der nun der Thematik der augusteischen Parther-

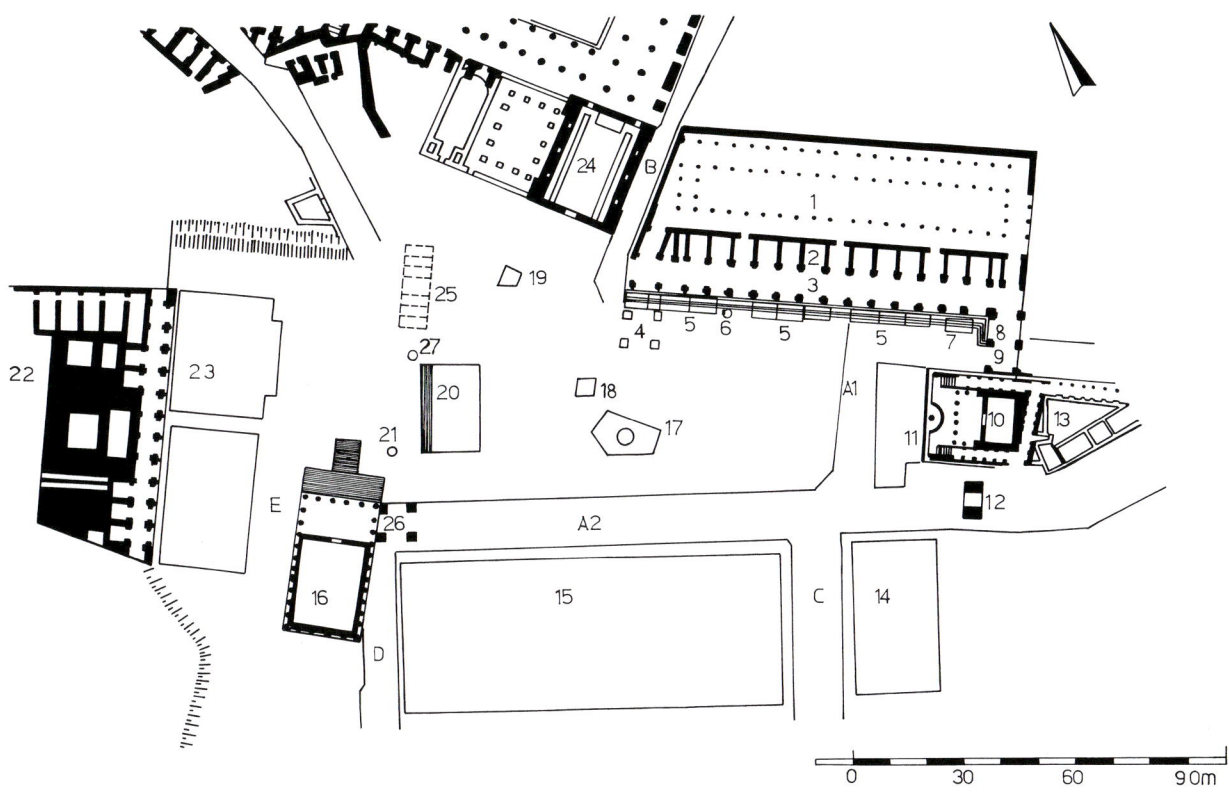

Abb. 42 Forum in augusteischer Zeit, Lageplan.

1: Basilica Aemilia; 2: Tabernae Novae; 3: Portiken; 4: Heiligtum des Janus (?); 5: Sacella; 6: Sacellum der Venus Cloacina; 7: Puteal Libonis (?); 8: Bogen des Gaius und Lucius Caesar; 9: Bogen der Fasti Consulares und Triumphales; 10: Tempel des Divus Iulius; 11: Rostra des Tempels des Divus Iulius; 12: Augustusbogen („Actiumbogen"); 13: Regia; 14: Tempel der Dioskuren; 15: Basilica Iulia; 16: Tempel des Saturn; 17: Lacus Curtius; 18: Marsyas; 19: Lapis Niger; 20: Rostra; 21: Milliarium Aureum; 22: Tabularium; 23: Tempel der Concordia; 24: Curia; 25: „Partherbogen" (?); 26: „Tiberiusbogen"; 27: Umbilicus Urbis (Mundus); A1–A2: Via Sacra; B: Argiletum; C: Vicus Tuscus; D: Vicus Iugarius; E: Clivus Capitolinus.

politik gelten sollte. Die Annahme basiert vor allem auf der Existenz der Fundamente zweier Bögen in diesem Bereich. Abgesehen von der Tatsache, dass dieser Vorgang historisch schwer verständlich ist, stellt sich die Frage, ob die Fundamente des älteren Bauwerks nicht zu einem Monument aus republikanischer Zeit gehörten. Ohnehin hat es den Anschein, dass zumindest ein Teil der kaiserzeitlichen Bögen im Eingangsbereich des zentralen Forumsplatzes, wenn nicht sogar alle, republikanische Vorgängerbauten hatten. Obwohl römische Denare den Bogen nur mit einem Durchgang zeigen, wurde das Monument

Abb. 43   Miliarium Aureum, Marmor-
fragment.

mit drei Durchgängen rekonstruiert. Für diese Annahme finden sich keine Indizien vor Ort, zumal die Disposition der bestehenden Bauten die Existenz eines
Bogens mit drei Portalen ausschließt. Hätte ein Monument mit drei Portalen
existiert, dann wäre der südliche Durchgang von dem Podium des Dioskuren-
tempels verstellt worden.

Der Bogen der Fasti Consulares und Triumphales („Arco di Giano")

Der Tempel des Divus Iulius wurde nicht nur im Süden, sondern auch im Norden
von Torbauten flankiert. Ein Bogen in Form eines Ianus Quadrifrons ragte neben
der nördlichen Langseite des Tempels des Divus Iulius über der Via Sacra auf
(Abb. 44 [5]; vgl. Abb. 38 [5]). Dieser als „Arco di Giano" bezeichnete Bogen
war an den Innenseiten des Durchgangs mit den Fasti Consulares und Triumphales geschmückt. Schon im Jahr 1547 wurden die restlichen Bausubstanzen
unter der Aufschüttung der Via Sacra freigelegt. Beschreibungen, Zeichnun-
gen und Rekonstruktionen des Bogens sind von dem Architekten Pirro Ligorio
überliefert. Die Glaubwürdigkeit der Zeugnisse von Ligorio wurde in der Vergangenheit von zahlreichen Historikern und Archäologen stark angezweifelt.
Erst in jüngerer Zeit wird der Überlieferungswert dieser Dokumente wieder
ernster genommen. Bedingt aussagekräftig sind die im Codex Taurinensis erhaltenen Rekonstruktionen, zumal die oberen Partien – insbesondere das Dach
– eine freie Ergänzung des Architekten sind. Ein wichtiges Dokument ist aber
eine Zeichnung des Bogens im Codex Bodleianus in Oxford, die eine Wand mit
einer Ädikula in einem der Durchgänge des Bogens wiedergibt (Abb. 45). Die

Abb. 44   Plan der Monumente im
zentralen Forumsbereich nach den
Ausgrabungen von Gamberini-Mongenet
(1950–1954).
1: Basilica Aemilia; 2: Läden (Tabernen);
3: Portiken; 4: Bogen des Gaius und Lucius Caesar; 5: Bogen der Fasti Consulares und Triumphales; 6: Tempel des Divus
Iulius mit vorgesetzten Rostra;
7: Augustusbogen („Actiumbogen");
8: Tempel des Antoninus Pius und der
Faustina; 9: Regia; 10: Tempel der Vesta.

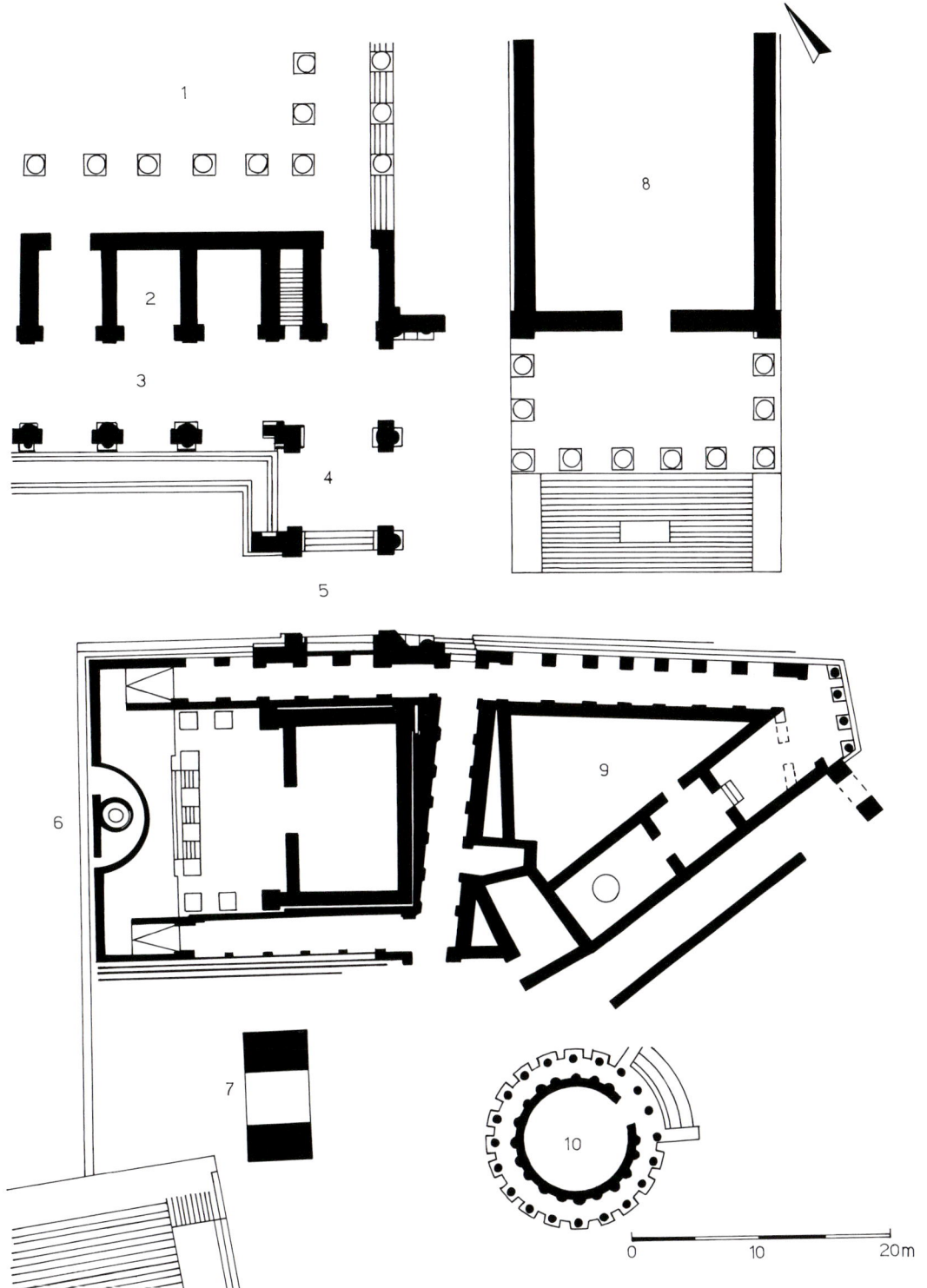

0   10   20m

Abb. 45   Oxford, Codex Bodleianus,
„Partherbogen" nach P. Ligorio.

in einer Inschrift erwähnte Angabe *terzi ludi saeculares* identifiziert die Wand in der Ädikula als das dritte Paneel der Fasti Consulares. Nach den Angaben von Ligorio stand diese Wand bei der Auffindung noch *in situ*, wie auch von einem anderen Zeitgenossen, Onofrio Panvinio, im Vorwort des 5. Bandes der Fastorum Libri (1558) bestätigt wird. Der von P. Ligorio im Codex Taurinensis überlieferte Grundriss des Bogens zeigt vier gleichbreite Mauerzungen, an deren Ecken Dreiviertelsäulen standen. Kurz nach der Auffindung des Bauwerks wurden die erhaltenen Substanzen bis auf die Fundamente durch Raubgrabungen zerstört. Bei den Grabungen von Gamberini-Mongenet kamen nur noch fragmentierte Mauerzungen zutage, die aber die von Ligorio überlieferte Skizze des Grundrisses weitgehend bestätigen (Abb. 44). Nicht nur die Dokumente der Architekten aus der Renaissance, sondern auch die Fundlage der Fasti Consulares und Triumphales zwischen den Kultbauten des vergöttlichten Caesar sowie des Antoninus Pius und der Faustina erhärtet die Annahme, das die Fasti zu diesem Bogen gehörten. Diese in vielen Fragmenten erhaltenen Marmortafeln befinden sich heute in der Sala della Lupa in den Kapitolinischen Museen (Abb. 46). Die Fasti Consulares und Triumphales führten den Besuchern beim Durchschreiten des Bogens die Geschichte Roms mit all ihren Leistungen bis in die Gegenwart des augusteischen Zeitalters vor Augen. Das bildliche Äquivalent zu den Fasti liefern die Schmuckreliefs aus dem Innern der Basilica Aemilia, die in signifikanten Einzelszenen die glorreiche Geschichte Roms von der mythischen Vergangenheit bis zur Gegenwart des Goldenen Zeitalters visualisieren (Abb. 47). Auf diese Weise wurde die große Vergangenheit nicht nur für sich betrachtet, sondern sie wurde zugleich auf das gegenwärtige Zeitalter bezogen, um dieses in eine mythische Aura zu überhöhen.

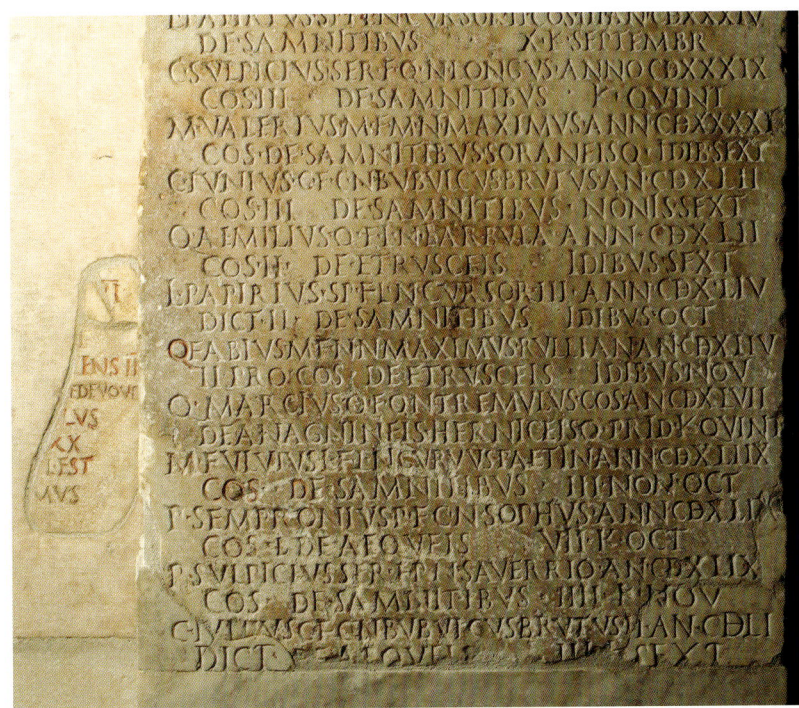

Abb. 46   Marmortafel der Fasti Consolares, Kapitolinische Museen, Sala della Lupa.

Abb. 47   Basilica Aemilia, Schmuckrelief, „Bestrafung der Tarpeia", Rom, Antiquarium Forense, Inv. 3177.

Der Bogen des Gaius und Lucius Caesar

Nördlich des „Partherbogens" schloss auf höherem Niveau ein weiterer Bogen an, der den Adoptivsöhnen des Augustus, Gaius und Lucius Caesar, geweiht war (vgl. Abb. 38 [4]. 44 [4]). Es handelt sich nach der Bauform um einen Ianus Quadrifrons, der auf allen vier Seiten Durchgänge hatte. Nach Süden war das von Osten nach Westen ausgerichtete Monument durch eine Treppe mit dem tiefer liegenden „Partherbogen", nach Norden mit den Portiken vor der Basilica Aemilia verbunden. Die bekannte und bis heute erhaltene Ehreninschrift für Lucius Caesar befand sich auf der Westseite der Attika des Bogens (Abb. 48), während die verlorene Ehreninschrift des Gaius Caesar auf der Ostseite an entsprechender Stelle angebracht war. Die Fassade hatte die gleiche Gliederung wie die Südfront der Portiken vor der Basilica Aemilia. Kannelierte Halbsäulen trugen eine dorisierende Ordnung, über der eine hohe Attika aufragte. Aller Wahrscheinlichkeit nach wurde die Inschrift von Partherstatuen flankiert.

Der „Partherbogen"

Anlässlich der kampflosen Rückgabe der römischen Feldzeichen durch den König Phraates IV. an die Römer im Jahr 19 v. Chr. beschloss der Senat, einen weiteren Ehrenbogen für Augustus zu errichten. Dieses Monument, das mit dem „Partherbogen" zu identifizieren ist, wurde nach den Angaben von Cassius Dio (Cass. Dio 54, 8, 4) an der Seite des Caesartempels errichtet. Stadtrömische Aurei und Denare zeigen den Bogen übereinstimmend mit drei Durchgängen, unterscheiden sich aber beträchtlich in der Wiedergabe von Details, insbesondere in der Ausstattung der Bildwerke. Eine Platzierung des Bogens nördlich des Caesartempels ist auszuschließen, da weder die Fundamente noch der Platzmangel die Annahme eines Bogenmonuments mit drei Portalen erlauben

Abb. 48   Bogen des Gaius und Lucius Caesar, Ehreninschrift für Lucius Caesar.

Abb. 49   Triumphbogen des Septimius Severus, Ostseite.

(vgl. Abb. 38. 44). Wo stand aber nun das Monument? Die Annahme, dass der Augustusbogen auf der Südseite des Tempels des Divus Iulius im Jahr 19 v. Chr. dem „Partherbogen" weichen musste, ist weder archäologisch noch historisch haltbar. Der Sieg bei Actium und die wie ein Sieg gefeierte Rückgabe der römischen Feldzeichen durch die Parther begründeten die Machtstellung des Augustus und kamen in der augusteischen Propaganda dementsprechend zur Geltung. Wenn der „Partherbogen" drei Durchgänge besaß - wie es die Münzbilder nahelegen - dann müsste er auf dem Forum Romanum an einer Stelle gestanden haben, von der aus das Monument einen Bezug zu den Torbauten auf der Ostseite hatte. Denkbar wäre, dass er den Platz eingenommen hat, an dem später anfangs des 3. Jhs. n. Chr. Septimius Severus ein Triumphbogen errichtet wurde, der erneut das Thema der Siege über die Parther visualisierte (Abb. 49; vgl. Abb. 64 [20]). In diesem Fall hätte der Bogen direkt dem Torbau mit den Fasti gegenübergestanden, der nach dem Erfolg über die Parther 17 v. Chr. vom Senat in Auftrag gegeben wurde (vgl. Abb. 42 [25]). Der „Partherbogen" mit drei Portalen hätte zusammen mit den Torbauten auf der Ostseite und der mit Partherstatuen geschmückten Fassade der Portiken vor der Basilica Aemilia ein Ensemble im zentralen Bereich des Forumsplatzes gebildet, das nicht nur die Dynastie des Augustus verherrlichte, sondern auch dessen wichtigste militärischen Erfolge, die ihn an die Macht brachten. Diese rein als Hypothese zu verstehende Interpretation würde nicht im Widerspruch zu der Überlieferung von Cassius Dio stehen, zumal der Torbau mit den Fasti Triumphales nach dem Erfolg des Augustus über die Parther als Triumphbogen neben dem Tempel des Divus Iulius errichtet wurde.

Alle Bauwerke auf der Ostseite des zentralen Forumsplatzes wurden in augusteischer Zeit ausgeführt (vgl. Abb. 38. 44). Augustus tritt bei keinem der neu erbauten Gebäude auf der Ostseite des Forumsplatzes als Bauherr in Erscheinung, die Ausführung der Ehrungen und des Ruhmes blieben dem Senat und dem römischen Volk überlassen, welche die Bauten in Auftrag gaben. Alle Monumente fungieren als ewige Erinnerungen an die julische Dynastie: Der Triumphbogen für Augustus, den Sieger von Actium, der Tempel des Divus Iulius, des vergöttlichten Adoptivvaters des Augustus, der Bogen der Fasti Consulares und Triumphales mit seinen Verweisen auf die Geschichte Roms von den Anfängen bis zur aktuellen Gegenwart des Goldenen Zeitalters und schließlich der Ehrenbogen für Gaius und Lucius Caesar als die designierten Nachfolger des Augustus. Der formale und inhaltliche Wandel des Forum Romanum kommt in keiner Phase besser zur Geltung als in der augusteischen: Das einstige politische und wirtschaftliche Zentrum Roms wurde zu einem Ehren- und Erinnerungsort für den Kaiser und in späterer Zeit für dessen Vergöttlichung.

Marmorluxus in Rom: der Umbau der großen Basiliken in Marmor

Die großen Basiliken der Aemilier und Sempronier, deren Fassaden zusammen mit der Front des Tabulariums das Erscheinungsbild des Forumsplatzes weitgehend bestimmen, wurden in augusteischer Zeit in Luxusbauten aus Marmor verwandelt.

Der augusteische Bau der Basilica Aemilia: ein neuer Prunkbau im marmornen Gewand

Nach einem Brand im Jahr 14 v. Chr. wurde die Basilica Aemilia während der Herrschaft des Kaisers Augustus grundlegend erneuert. Der Luxusbau behielt zwar weitgehend das Schema der Vorgängerbauten bei (vgl. Abb. 26), wurde aber nun mit Marmor verkleidet und ergänzt. Von Glanz und Reichtum des Bauwerks zeugt auch die Ausstattung, deren Gestaltung auf die Hierarchisierung der verschiedenen Raumabschnitte im Innern abzielt: Der Fußboden des wichtigsten Raumes, der Aula, war mit kostbarem polychromem Marmor verziert, während die Böden der Seitenschiffe mit weißem Marmor bedeckt waren (Abb. 50). Die beiden inneren Ordnungen hatten Säulen aus Africano, wobei die untere ionische, die obere korinthische Kapitelle hatte (vgl. Abb. 38). Vor der Längswand des nördlichen Seitenschiffs verläuft im Innern ein schmaler Korridor, der von einer Säulenreihe aus Cipollino gesäumt wird. Die formanalytische Auswertung der Bauornamentik legt eine Datierung des Ge-

Abb. 50   Basilica Aemilia, Geodätische Aufnahme des Marmorfußbodens.

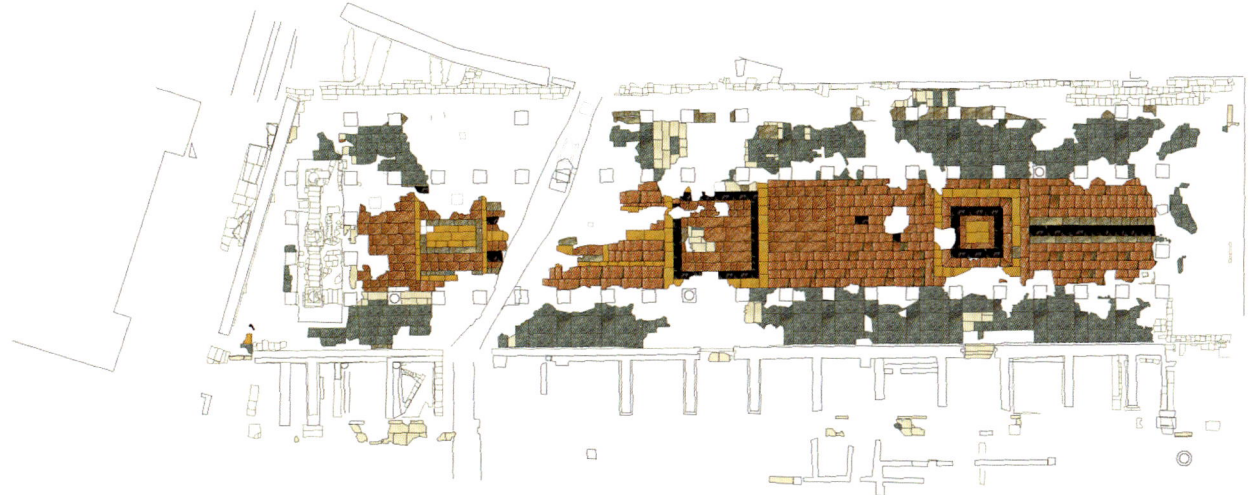

bäudes in die letzten zwei Jahrzehnte des 1. Jhs. v. Chr. nahe. Wie bei dem marmornen Fußboden, so zeichnet sich an dem Baudekor ein differenziertes architektonisches Konzept ab, welches durch den gezielten Einsatz von unterschiedlich aufwendig gearbeiteter Ornamentik und unterschiedlich wertvollen Materialien eine klare Raumhierarchie des Innenraums zu erkennen gibt. Während im Mittelschiff der maximal mögliche Aufwand in der Ausschmückung der Bauglieder betrieben wurde, lässt die Quantität und Qualität der ornamentalen Ausgestaltung in den Seitenschiffen schlagartig nach. Darüber hinaus wird das Erscheinungsbild der Ornamentik des Mittelschiffs noch auf einer zweiten Ebene qualitativ aufgewertet: Ihre Ausarbeitung erfolgte unter Berücksichtigung des Ansichtswinkels des Betrachters im Erdgeschoss. Im Obergeschoss verlief entlang der Innenwände eine Galerie, von der aus man das Geschehen in der offenen Aula verfolgen konnte. Vermutlich hatte das Bauwerk ein Giebeldach mit einem offenen Dachstuhl. Antefixe aus Marmor lassen auf die Existenz eines Daches aus diesem Material schließen.

Die Basilica Aemilia als Bank- und Gerichtsgebäude

Abb. 51 Basilica Aemilia, Marmorfußboden, Verfärbungen durch einen Metallgegenstand.

Die Ausstattung liefert zahlreiche Indizien für die Nutzung des Bauwerks, wobei der marmorne Fußboden besonders aussagekräftig ist. Auf diesem fanden sich Korrosions- und Brandspuren von Objekten, die durch einen Brand des Gebäudes verursacht wurden (Abb. 51). Bei den Gegenständen handelte es sich um metallene Beschläge, Nägel und Stangen, die vermutlich von kleinen Tischen und Schränken stammen. Nach der Art und Verteilung der Spuren lässt sich zum Teil die Inneneinrichtung rekonstruieren: In den Räumen zwischen den Säulen, die das Mittelschiff umgaben, hatten die Geldwechsler ihre Tische mit den Münzen. Neben den Tischen sind auf den Marmorplatten in regelmäßiger Anordnung Spielfelder durch Ritzlinien und Vertiefungen angebracht, die ihrer Lage nach nicht zum Zeitvertreib dienten, sondern organisierte Glücks- und Gewinnspiele waren. In der Aula fanden sich zahlreiche in den Boden geschmolzene Münzen aus dem Jahr 410/411 n. Chr. In den Seitenschiffen standen Regale und Schränke, in denen kostbare Gefäße und andere wertvolle Objekte aus Metall und anderem Edelmaterial zum Verkauf feilgeboten wurden. Aus den Läden stammen Gewichte, die zum Wiegen von Silber und anderem Metall bestimmt waren. Die Erschließung für den Besucherverkehr erfolgte ausschließlich im Mittelschiff, der Aula. Gewährte die Hauptseite im Süden den Besuchern Zugang in das Gebäude, so diente der schmale Korridor auf der untergeordneten Nordseite als Anlieferungsareal für Waren (vgl. Abb. 26). Die Basilica Aemilia war demnach in erster Linie ein luxuriöses Bankgebäude und eine Börse, die rein monetären Zwecken diente. Nicht weniger kostbar ausgestattet als der Innenraum der Basilika präsentierten sich die Läden, deren Böden mit *Opus sectile* und die Wände mit Marmorplatten verziert waren. Mit großer Wahrscheinlichkeit handelt es sich bei den Läden auch um Verkaufsstätten, wobei in den beiden oberen Kammern Waren deponiert werden konnten. Zugleich eigneten sie sich als Kontore der Bankiers, in denen die für den Bankverkehr unerlässlichen Dienstleistungen vollzogen wurden.

Wie in so vielen römischen Basiliken, so fanden wohl auch in der Basilica Aemilia Zivilprozesse statt. Vorstellbar wären Finanztribunale, die sich gut mit der monetären Funktion des Bauwerks vereinbaren ließen. Im Inneren lassen sich keine Spuren eines fest installierten Tribunals nachweisen, aber es ist denkbar, dass die für die Prozesse bestimmten Plätze als gesonderte Geschäftsräume durch hölzerne Schranken oder andere ephemere Einrichtungen von dem übrigen Raum getrennt wurden. Die Nachrichten antiker Autoren lassen auf ein ausgeprägtes Prozesswesen der Römer schließen, wobei mehrere Gerichtsverhandlungen gleichzeitig in einer Basilika tagen konnten, wie es für die Basilica Iulia bezeugt ist (Quint. inst. 12, 5, 6; Plin. epist. 6, 33, 3). War das Erdgeschoss überfüllt, so mussten alle weiteren Besucher auf die Galerien im Obergeschoss ausweichen.

Die Basilica Aemilia war mit dem zentralen Forumsplatz funktional eng verknüpft. Jüngste Untersuchungen führten zu einer Rekonstruktion des Bauwerks, nach der über der Säulenhalle und den Läden eine zum Forumsplatz ausgerichtete monumentale Terrasse verlief (vgl. Abb. 33 [3. 4]. 38). Im rückwärtigen Teil stand eine Loggia, die mit Rankenpfeilern geschmückt war. Vermutlich ist diese Terrasse mit den von antiken Autoren überlieferten Maeniana zu identifizieren. Cicero unterscheidet zwischen den *vetera maeniana* und den *nova maeniana*, wobei erstere zur Basilica Iulia, letztere zur Basilica Aemilia gehörten (Cic. ac. 2, 22, 70–71). Demzufolge besaßen beide Gebäude eine Art Zuschauertribüne, von der aus man nicht nur das Tagesgeschehen auf dem Forum Romanum verfolgen konnte, sondern auch Prozessionen, Triumphzüge und andere festliche Darbietungen. Eine besondere Rolle spielten die Leichenfeiern für die verstorbenen Kaiser und deren Divinisierung, wobei das Forum Romanum mit seinen Redner- und Zuschauertribünen als Kulisse fungierte.

Die politischen Akteure der Basilica Aemilia und ihre Intentionen

Da die Basiliken in ihrer Eigenschaft als Bank- und Gerichtsbauten vielbesuchte Stätten waren, eigneten sie sich vorzüglich zur Selbstdarstellung der politischen Akteure. So ließ im Jahr 78 v. Chr. der Vater des M. Aemilius Lepidus Schilde an dem Epistyl der ersten Ordnung im Innern der Basilika anbringen (Abb. 52). Bei dem augusteischen Neubau waren die Ahnenbilder vermutlich auf dem verkröpften Gesims der ersten Ordnung im Innern aufgestellt. Diese *Imagines clipeatae* zeigten Porträts führender Männer der Gens der Aemilier. Auf diese Weise definierten sich die Basiliken nicht nur als merkantile und iudikative Bauten, sondern auch als Träger „politischer Botschaften", die von den politischen

Abb. 52   Basilica Aemilia, Münze des M. Aemilius Lepidus, um 65 v. Chr. Das Münzbild zeigt die zweigeschossige Säulenstellung im Innenraum mit aufgehängten Medaillons, den Imagines clipeatae.

Akteuren Roms lanciert wurden. In dieser Eigenschaft fungierten sie auch in der Kaiserzeit, jedoch mit neuen inhaltlichen Akzenten, wofür das Bildprogramm des augusteischen Neubaus ein signifikantes Beispiel liefert. Einige der Bildwerke am Außenbau nahmen Bezug auf das aktuelle politische Zeitgeschehen. Dazu gehören die überlebensgroßen „Partherstatuen", die vermutlich vor der Attikawand über den Portiken weithin sichtbar über der Via Sacra aufragten (vgl. Abb. 33 [3]). Sie stehen als monumentale Bildzeichen für den militärischen Erfolg des Princeps, dem mit den Parthern ein Friedensabkommen gelang. Zwischen den Statuen schmückten marmorne *Imagines clipeatae* die zum Forumsplatz gerichteten Felder der Attika. Mit großer Wahrscheinlichkeit trugen sie bronzene Porträts des Kaisers und seiner Familie sowie seiner engsten Vertrauten, zu denen auch Mitglieder der Gens der Aemilier zählten.

Das in Wort und Bild vielpropagierte Thema der glanzvollen Geschichte Roms von der mythischen Vorzeit bis zur Gegenwart des „Goldenen Zeitalters" blieb auch in den Bildwerken der Basilica Aemilia nicht ausgespart, wofür der „Fries" im Innern ein anschauliches Zeugnis liefert (vgl. Abb. 47). Nach den Ergebnissen jüngster Untersuchungen handelte es sich nicht um einen fortlaufenden Fries, sondern um einzelne Schmuckreliefs, die in signifikanten Einzelszenen die Geschichte Roms von der mythischen Vergangenheit bis zum „Goldenen Zeitalter" verklären (Abb. 53). Vermutlich wurden die Reliefs aus pentelischem Marmor eigens für den marmornen Neubau von Steinmetzen aus Griechenland oder Kleinasien hergestellt, wodurch sich die in hellenistischer Tradition stehende Formgebung erklären lässt. Die Basilica Aemilia definierte sich durch ihre Funktion und Ausstattung nicht nur als öffentlicher Bau, sondern wurde durch ihre funktionale Verknüpfung mit dem Forumsplatz und dessen umliegenden Gebäuden Teil eines politischen Interaktionsfelds im Zentrum der Stadt.

Der augusteische Bau der Basilica Iulia

Den Berichten antiker Autoren zufolge wurde nach einem Brand im Jahr 12 v. Chr. die Basilica Iulia wiederhergestellt und im Jahr 12 n. Chr. eingeweiht (R. Gest. div. Aug. 20, 3; Suet. Aug. 29; Cass. Dio 54, 27) (vgl. Abb. 37. 42 [15]). Aus dieser Phase stammen einige Kapitelle und ornamentierte Gebälke, die in der plastischen Gestaltung dekorierten Baugliedern des Mars-Ultor-Tempels auf dem Augustusforum und des Neubaus der Basilica Aemilia nach dem Brand im Jahr 14 v. Chr. weitgehend gleichkommen. Derselben Phase gehört auch der polychrome Marmorfußboden im Mittelschiff der Basilica Iulia an, der im Schnitt der dünnen Platten und der horizontalen Reihung dreier Quadrate sein Pendant im Mittelschiff der Basilica Aemilia findet. In dieser Epoche wurden auch die Pfeiler und Wände der Basilika sowie die Mauern der Läden mit Marmor verkleidet.

Abb. 53   Basilica Aemilia, Rekonstruktionsvorschlag zur Anbringung der Schmuckreliefs.

Funktion und Bedeutung der Basilica Iulia im urbanistischen Kontext des Forum Romanum

Die in der Basilica Iulia gefundenen Inschriften, die Nachrichten antiker Autoren und die archäologischen Zeugnisse, zu denen neben den Bauformen auch die Ausstattung, die Bildwerke und Kleinfunde gehören, ergeben ein lebendiges Bild des Geschehens im Innern des Gebäudes und dessen Nutzung in Verbindung mit dem Forumsplatz. Wie in der Basilica Aemilia, so gingen auch in diesem Bau die Geldwechsler ihren Finanzgeschäften nach. Zeugnisse dafür sind die in den Inschriften als *nummularii de basilica Iulia* (CIL VI 9709, 9711) bezeichneten Geldwechsler sowie die in den nördlichen Seitenschiffen und auf den Treppenstufen durch Ritzlinien und Vertiefungen markierten Spielfelder, die in der Form zum Teil den Spielen in der Basilica Aemilia gleichen (Abb. 54 a. b). Die beträchtliche Anzahl von großflächigen und ähnlichen Spielen verweist auf organisierte Glücks- und Geldspiele.

Abb. 54a.b Basilica Iulia, Marmorfußboden, Spielfelder.

Das monumentale und großräumige Bauwerk der Basilica Iulia eignete sich vor allem für Gerichtsverhandlungen und auch als Versammlungsstätte für Großkundgebungen und andere Ereignisse. Nach den Angaben von Quintilian (Quint. inst. 12, 5, 6) und Plinius (Plin. epist. 6, 33, 3) war es Sitz des Tribunalis Centumvirale, das vor allem für Prozesse um Erbschaft und Eigentum zuständig war. Dieses Gericht bestand aus vier Kammern, die in der Basilica Iulia gleichzeitig tagen konnten. Die großen Raumkapazitäten des fünfschiffigen Bauwerks ermöglichten die Separierung und Aufteilung in mehrere Raumeinheiten. Anhaltspunkte dafür geben breite streifenförmige Vertiefungen auf dem marmornen Fußboden, in denen Gitter oder Schranken eingelassen waren. Diese grenzten ausgesonderte Geschäftsbereiche von dem übrigen Raum ab, in denen mit großer Wahrscheinlichkeit die von Quintilian überlieferten Centumviralprozesse stattfanden. In den gleichen Bereichen befinden sich in größerer Anzahl tiefe, mit Blei gefüllte Dübellöcher, die auf Einbauten schließen lassen. In Übereinstimmung mit der Basilica Aemilia ist auch in diesem Bau kein fest installiertes Tribunal nachweisbar. Da die Gerichtskammern nur durch Schranken und Vorhänge voneinander getrennt waren, herrschte ein großer Lärm während der Sitzungen. Quintilian beschreibt in anschaulicher Weise, wie sich dabei die Redner nicht nur in der Wortfülle, sondern auch in dem Stimmvolumen gegenseitig übertrafen (Quint. inst. 12, 5, 6). In dieser Eigenschaft überragte ein gewisser Trachalus alle übrigen Redner, so dass er von allen vier Tribunalen Beifall erhielt.

Für Gerichtsverhandlungen dieser Größe war die Basilica Aemilia weniger geeignet als ihr Pendant auf der Südseite des Forums: Eine Aussonderung von Geschäftsbereichen wäre in diesem Bau nur im Mittelschiff möglich gewesen, zumal die Seitenschiffe und auch die Räume zwischen den Säulen von fest installiertem Mobiliar belegt waren. Gleichwohl schließt dieser Befund nicht aus, dass auch die Basilica Aemilia als Stätte für Gerichtsverhandlungen und Versammlungsort fungieren konnte. Nach der Überlieferung antiker Autoren fanden die Prozesse in der Kaiserzeit mehrheitlich in den Basiliken statt, während sie in republikanischer Zeit vorwiegend im Freien abgehalten wurden. Durch ihre Verlegung in die Innenräume konnte nur eine begrenzte Zahl von Zuschauern an den Verhandlungen teilnehmen. Auf diese Weise ließen sich die Massen besser kontrollieren und die Gefahr von Aufruhr und Tumulten war entsprechend geringer. Vor diesem Hintergrund ist es nur allzu verständlich, dass auch das im Vergleich zur Basilica Iulia geringere Raumpotenzial der Basilica Aemilia für Gerichtsverhandlungen genutzt wurde. Trotz der Unterschiede in den Dimensionen und der Gestaltung der Räume hatten die Basilicae Iulia und Aemilia gemeinsame „funktionale Schnittmengen".

Ein weiteres gemeinsames Element ist ihre funktionale Verknüpfung mit dem zentralen Forumsplatz. Beide Bauwerke hatten über den zum Forum gerichteten Portiken eine große Terrasse, von der aus man das Tagesgeschehen auf dem Forum Romanum verfolgen konnte. Bei Prozessionen, Triumphzügen, Leichenfeiern und anderen öffentlichen Veranstaltungen eigneten sich die großflächigen Terrassen als Zuschauertribünen. Zugleich aber lieferten sie bei Auftritten bekannter Personen eine wirkungsvolle Szenerie. Sueton (Suet. Cal. 37) und Flavius Josephus (Ios. Bell. Iud. 19, 1, 11) berichten, dass Kaiser

Caligula bei bestimmten Festen von der Basilica Iulia aus Münzen auf das Volk herabwarf. Dabei stand er aller Wahrscheinlichkeit nach auf einer der zum Forum orientierten Terrassen. Die gesamte Platzanlage mit ihren beiden Basiliken fungierte bei großen Feiern und Ereignissen als Bühne, die mit einem monumentalen architektonischen Rahmenwerk versehen war. Die zum Platz ausgerichteten Fassaden des Tabulariums im Westen (vgl. Abb. 32), der Basilica Iulia im Süden (vgl. Abb. 34) und der Basilica Aemilia im Norden (vgl. Abb. 42 [1. 15. 22]) waren mit Elementen der dorischen Ordnung geschmückt. Diese setzte sich auch an den Bögen nördlich und südlich des Tempels des Divus Iulius fort. Im Unterschied zu der äußeren Ordnung zeigt der Dekor im Innern beider Basiliken eher verspielte Formen mit vegetabilen Motiven und ungewöhnlichen Formkombinationen. Der Innendekor war weit weniger an Normen gebunden als der Bauschmuck an den Fassaden, der das repräsentative Erscheinungsbild und die *Forensis dignitas* zur Geltung bringen sollte. Zur *magnificentia* der Basilica Iulia trugen auch zahlreiche Bildwerke bei, die vermutlich mit ähnlichen Konnotationen verbunden waren wie die Artefakte aus der Basilica Aemilia. Fungierten beide Bauwerke in republikanischer Zeit als Forum der Selbstdarstellung der in Baukonkurrenz stehenden Patrizierfamilien, so standen sie in der Kaiserzeit fast ausschließlich im Dienst der kaiserlichen Propaganda.

Die Aufrechterhaltung alter Staatskulte: die traditionellen Tempel in marmorner Pracht

Die Bewahrung der öffentlichen Kulte spielte während der Herrschaft des Augustus eine große Rolle, zumal diese eng mit der Politik verbunden und für den Staat stabilisierend waren. Als sichtbare Zeichen für diese Religionspolitik stehen die in augusteischer Zeit wiederhergestellten Heiligtümer, die in dem neuen Glanz des Marmors das Erscheinungsbild der Vorgängerbauten entschieden aufwerteten.

Der Tempel des Saturn

Am Anfang dieser Reihe steht der ehrwürdige und traditionsreiche Tempel des Saturn, der 42 v. Chr. von Munatius Plancus vollständig wiederaufgebaut wurde (vgl. Abb. 18. 42 [16]). Aus dieser Zeit stammt das mit Travertinplatten verkleidete Podium. In dessen Ostseite zeichnet sich durch zahlreiche und regelmäßig gesetzte Löcher ein rechteckiges Feld ab, auf dem öffentliche Bekanntmachungen angebracht waren. Die Vorhalle mit den Säulen aus grauem Granit und die ionische Gebälksordnung sind auf eine Restaurierung am Ende des 3. Jhs. n. Chr. zurückzuführen, die ionischen Kapitelle mit ihrem Schnurband am Fuß und der Palmettenfries sind aber an Vorbildern des augusteischen Bauwerks orientiert. Von besonderer Bedeutung ist die Tatsache, dass L. Munatius Plancus, der einst ein Parteigänger des Antonius war und später nach dessen Niederlage sich auf die Seite Octavians geschlagen hatte, den Wiederaufbau des Tempels durchführte und damit seine Loyalität zum Prinzeps demonstrierte. Ein entsprechender Sachverhalt gilt für den Tempel des Apollo Sosianus auf dem Marsfeld, dessen Bauherr C. Sosius in der Schlacht bei Actium an der Seite des Antonius gekämpft und im Angesicht der Katastrophe sich dem Sieger angeschlossen hatte. Die finanzielle Beteiligung ehemaliger, von Augustus begnadigter Gegner an dem Neuaufbau Roms verfehlte ihre Wirkung nicht! In diesem Vorgang zeigt sich nicht nur die Loyalität zum Kaiser, sondern auch dessen vorbildliches Verhalten im Umgang mit ehemaligen Gegnern, mit denen er milde, versöhnlich und großmütig verfuhr.

Die Regia

Die Regia, das Haus der Staatspriester, wurde in der Republik mehrfach durch Brände beschädigt (vgl. Abb. 12. 42 [13]. 44 [9]). Eine Feuersbrunst in den frühen 40er Jahren v. Chr. machte einen nahezu vollständigen Neubau erforderlich. Cn. Domitius Calvinus, der Sieger über Spanien, finanzierte das Gebäude aus den Beutegeldern und weihte es 36 v. Chr. ein. Der Aufbau des marmornen Epistyls steht in der Tradition spätrepublikanischer Gebälksformen aus Tuff. Belege dafür liefern der Architrav mit zwei Faszien, wobei die untere extrem hoch ist, der Fries, auf dem Girlanden tragende Stierschädel dargestellt sind, das Konsolengesims mit extrem flach geschweiften Konsolen und die zweiteilige Sima. Die Gebälke sind in der Gestalt der Konsolen und dem Reliefstil mit entsprechenden Baugliedern der Tempelbauten des Divus Iulius und des Saturn vergleichbar. Die Übereinstimmungen befürworten die aus den schriftlichen und epigraphischen Zeugnissen gewonnene Datierung um 36 v. Chr.

Der Tempel der Dioskuren

Eine luxuriöse Ausstattung in Marmor erhielt auch der Tempel der Dioskuren (vgl. Abb. 19. 42 [14]). Nach einem Brand im Jahr 12 v. Chr. wurde der Tempel renoviert und im Jahr 6 n. Chr. von Tiberius eingeweiht. Von dem Marmorbau sind die drei Säulen auf der östlichen Langseite erhalten, die eine korinthische Ordnung trugen. Aufgrund ihrer äußerst differenzierten Formgebung zählen die Kapitelle und dekorierten Gebälke zu den qualitätvollsten Arbeiten der stadtrömischen Architekturdekoration in augusteischer Zeit. Vergleichbar sind sie in ihren virtuos ausgearbeiteten Detailformen, die dem Dekor ein nahezu maniertes Erscheinungsbild verleihen, mit dem marmornen Baudekor des Tempels der Concordia, der im Namen des Tiberius und seines toten Bruders Drusus 10 n. Chr. eingeweiht wurde. Im Unterschied zu diesen beiden Sakralbauten gehören das Augustusforum und die Basilica Aemilia einer wenig älteren Stufe an. Deren Baudekor zeigt einfachere und weniger verspielte Ornamentformen.

Der Tempel der Vesta

In der Zeit der Könige und der Republik wurde der Sakralbau häufig durch Feuer zerstört und wiederaufgebaut. Wie Münzen aus augusteischer Zeit und ein Relief in Florenz mit der Darstellung dieses Gebäudes bezeugen, hatte der Tempel die Form eines Tholos. Im Jahr 64 n. Chr. wurde der Tempel abermals durch eine Feuersbrunst zerstört und während der Herrschaft Domitians renoviert. Der Eingang des Tempels lag auf der Ostseite. 20 Säulen korinthischer Ordnung, die auf hohen Piedestalen aufragen, umringen die runde Cella. Das konische Dach hatte in der Mitte eine Öffnung für den Rauchabzug. Gehört das Gussmauerwerk des Podiums der augusteischen Zeit an, so sind die Marmorverkleidung und die korinthische Säulenordnung einer erneuten Restaurierung zu Beginn des 3. Jhs. zuzuschreiben, die unter der Obhut von Iulia Domna, der Ehefrau des Kaiser Septimius Severus, durchgeführt wurde (vgl. Abb. 1 [14]. 3). Die korinthischen Kapitelle und Gebälke aus severischer Zeit sind im Aufbau und der plastischen Gestaltung an den entsprechenden Baugliedern des domitianischen Vorgängerbaus orientiert (Abb. 55). Es ist sogar denkbar, dass einige der Bauglieder aus flavischer Zeit stammen und an dem severischen Neubau wiederverwendet wurden. Wie dem auch sei, das Bauwerk steht als sichtbares Zeichen für die severische Baupolitik, die vor allem der Restaurierung alter und ehrwürdiger Heiligtümer in Rom galt. Dabei legte man Wert darauf, die neuen Formen nach dem Vorbild des alten Gebäudes wiederherzustellen.

Das Haus der Vestalinnen

Der Wohn- und Verwaltungsbau für den Kult der Vesta war das Atrium Vestae, in dessen Bereich ursprünglich die Residenz des Königs stand (Abb. 56; vgl. Abb. 1 [15]). Als Augustus im Jahr 12 v. Chr. oberster Priester wurde und den Sitz der Priesterschaft in sein Haus auf dem Palatin verlegte, schenkte er die Domus Publica, den ursprünglichen Sitz des Pontifex Maximus, den Vestalinnen. Spätestens zu diesem Zeitpunkt war die Domus in den Komplex des

Abb. 55 Tempel der Vesta, Kapitell und Gebälk.

Abb. 56   Atrium Vestae, Ansicht mit Hof.

Hauses der Vestalinnen einbezogen, das wiederum durch eine Umfriedung mit dem Vestatempel verbunden war. Das gänzlich aus Ziegeln errichtete Gebäude hat eine lange Baugeschichte mit zahlreichen Umbauten und Renovierungen, dessen heutiges Erscheinungsbild vor allem von der severischen Bauphase bestimmt wird (Abb. 57). Im Zentrum der Anlage befindet sich ein rechteckiger, ehemals zweigeschossiger Säulenhof, der auf allen vier Seiten von Räumen umgeben ist (Abb. 57 [3]). Mehrere Wasserbecken belebten den Hof des noblen Gebäudes (Abb. 57 [4 a–c]). Der Eingang liegt am Westrand der Nordseite, deren Räume durch ihren schlechten Erhaltungszustand nicht näher bestimmbar sind. Auf der gegenüberliegenden Seite im Süden liegen die Arbeits- und Küchenräume, in denen ein Backofen und Mühlsteine vorhanden sind (Abb. 57 [6–8]). Der Apsidensaal in der Südwestecke war vermutlich ein Heiligtum (Abb. 57 [9]), dessen Lage mit einem von Cicero erwähnten Kultbau überein-

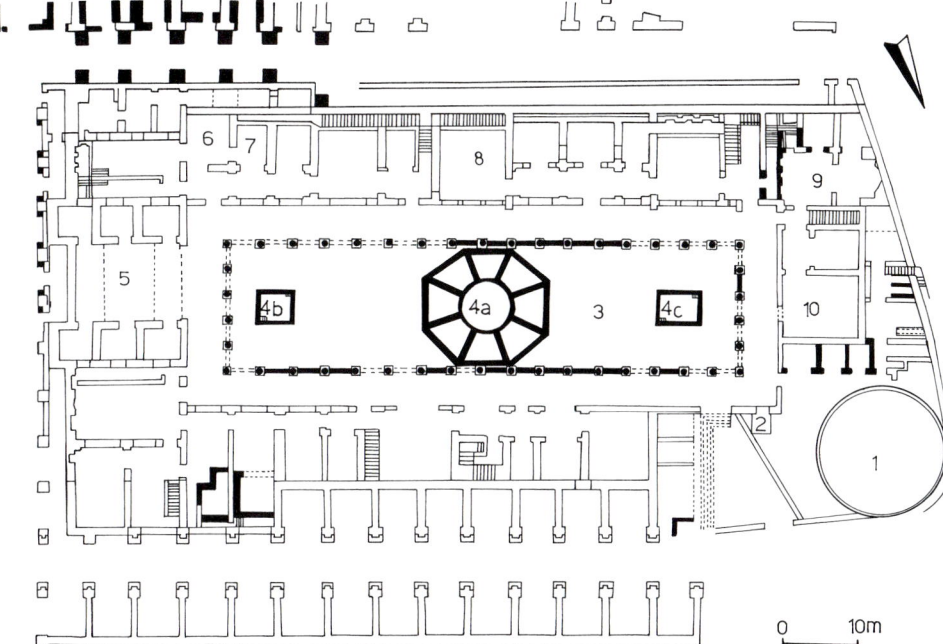

Abb. 57 Atrium Vestae, Phase der mittleren und hohen Kaiserzeit, schematischer Grundriss.
1: Tempel der Vesta;
2: Ädikula; 3: Säulenhof;
4 a–c: Wasserbecken; 5: Laren-Heiligtum (?); 6: Raum mit Backofen; 7: Raum mit Mühlstein; 8: Küche; 9: Saal mit Apsis; 10: Triklinium (?).

stimmen soll, der dem Aius Locutius, einer kaum bekannten Gottheit, geweiht war. Da die Angaben Ciceros viel zu allgemein sind, kann die Kultstätte dieses Gottes nicht näher lokalisiert werden und so muss es offen bleiben, welcher Gottheit der Apsidensaal im Haus der Vestalinnen geweiht war. Im Zentrum der Westseite öffnet sich ein großer überwölbter Saal zum Hof, der irrtümlich für ein Tablinum gehalten wurde (Abb. 57 [5]). Auf beiden Schmalseiten gruppieren sich im Innern drei Zimmer, die für die Vestalinnen bestimmt waren. Es ist nicht abwegig, diesen Saal als ein Laren-Heiligtum zu deuten. Möglicherweise stand in diesem die Marmorstatue des Numa, der als zweiter König von Rom und Gründer des Kults der Vesta kultische Verehrung in diesem Gebäude erhielt. In den Portiken standen die Statuen der obersten Vestalinnen, auf deren Basen die Namen der Priesterinnen eingraviert sind (Abb. 58). Die mit Jahresangaben versehenen Inschriften umfassen einen Zeitraum von severischer Zeit (201 n. Chr.) bis zur letzten Nutzungsphase des Komplexes (380 n. Chr.). Die besterhaltenen Statuen kamen in das Thermen-Museum, während die übrigen vor Ort blieben, dabei aber willkürlich aufgestellt wurden. Aus diesem Grund sind weder der Aufstellungskontext noch die Zugehörigkeit der Statuen zu ihren Basen bekannt. Neben dem Eingang des Hauses der Vestalinnen ragt eine Ädikula auf, die als ein Compitum, ein Heiligtum an Straßenkreuzungen, interpretiert wird (Abb. 59).

Abb. 58   Atrium Vestae, Statuen von Vestalinnen.

Die mittlere und hohe Kaiserzeit: die Fortsetzung der Erinnerungen und die Apotheose des Kaisers

In republikanischer Zeit war das Forum Romanum vor allem Ort des politischen, wirtschaftlichen und juristischen Geschehens. In der Kaiserzeit reduzierten sich diese Aktivitäten auf dem Forum, das nun immer mehr zum Schauplatz von rituellen Zeremonien und zum Ort des Andenkens an die höchstrangigen Personen des Staates wurde. Die wichtigste Bestimmung des traditionsreichen Platzes war von symbolischer Natur. Dieser Bedeutungswandel kommt in der Aufstellung von Ehrendenkmälern sichtbar zum Ausdruck.

Man errichtete dem Kaiser Tiberius einen Ehrenbogen neben dem bedeutungsvollen Tempel des Saturn (Tac. ann. 2, 41; CIL VI 906). Verdiente Staatsmänner erhielten gleich mehrere Ehrenstatuen wie L. Volusius Saturninus, von dessen neun überlieferten Standbildern sich fünf auf dem Forum Romanum befanden.

Abb. 59   Atrium Vestae, Ädikula.

Das bedeutendste Staatsritual war aber die Apotheose des Kaisers, die an drei verschiedenen Schauplätzen stattfand: In dem Kaiserpalast auf dem Palatin, auf dem Forum Romanum und auf dem Marsfeld. Zuerst wurde der Scheinleib des Kaisers, eine Puppe aus Wachs, im Eingangsbereich des Palastes aufgebahrt, in dem der Akt des rituellen Sterbens des Kaisers stattfand. Im Anschluss daran begab sich der Trauerzug in einer feierlichen Prozession zum Forumsplatz, auf dem der verstorbene Kaiser aufgebahrt wurde. Während dieser Zeremonie, bei der das zentrale Areal des Forums Schauplatz für die Repräsentation des Fulcrum war, hielt sein Nachfolger die Laudatio an den Rostra. Die Prozession setzte sich dann über einen langen Weg auf das Marsfeld fort, in dem der Scheinleib des Herrschers auf einem mehrgeschossigen Scheiterhaufen verbrannt wurde. Höhepunkt und Abschluss der Staatszeremonie war die Apotheose des Kaisers. Dio Cassius, der an den Zeremonien der Apotheose des Pertinax im Jahr 193 n. Chr. auf dem Forum Romanum teilgenommen hatte, beschreibt ausführlich den Akt der Aufbahrung: „Auf dem Forum Romanum wurde eine hölzerne Tribüne unmittelbar neben der marmornen Rednerbühne aufgeschlagen und darauf, zwar ohne Wände, jedoch mit ringsumlaufenden Säulen, eine Art Ädikula errichtet, eine kunstvolle Arbeit aus Elfenbein und Gold. In dieser tempelartigen Ädikula stand ein Ruhebett aus gleichen Materialien, das ringsum Köpfe von Land- und Seetieren trug und mit purpurnen, goldbestickten Decken verziert war. Darauf ruhte das wächserne Abbild des Pertinax, angetan mit Triumphinsignien, und ein anmutiger Knabe scheuchte, so wie wenn es wirklich ein Schlafender wäre, mit Pfauenfedern Fliegen von ihm weg. Während nun der Tote so zur Schau gestellt dalag, nahten sich ihm in Trauerkleidern sowohl Severus als auch wir Senatoren und unsere Frauen, und diese nahmen Platz in den Säulenhallen, während wir Senatoren uns unter freiem Himmel niedersetzten" (Cass. Dio 75, 4–5). Das Ritual, das im Beisein der gesamten Staatselite stattfand, war eine höchst politische und symbolische Demonstration, welche die Übertragung der Macht an den kaiserlichen Nachfolger und das Bild eines funktionstüchtigen Staates mit all dessen Qualitäten feierlich in Szene setzte.

Der Titusbogen: ein Monument der Apotheose des Kaisers

Ein signifikantes Beispiel liefert der Titusbogen, der auf der Höhe der Velia, *in summa Sacra Via*, zwischen dem Forum Romanum und dem Kolosseum hoch aufragt (Abb. 60; vgl. Abb. 1 [44]). Der Bau wurde an der Stelle eines älteren Torbaus über dessen Fundamenten errichtet. Das aufgehende Mauerwerk aus *Opus caementitium* ist mit Marmor verkleidet. Ungewöhnlich ist das Nebeneinander zweier Marmorsorten: Für den unteren Bau einschließlich der Kompositkapitelle wurde pentelischer, für den oberen Teil lunensischer Marmor

Von der Kaiserzeit bis zur Spätantike (31 v. Chr. – 7. Jh. n. Chr.)

87

verwendet. Der mit einem einzigen Durchgang versehene Bogen setzt sich aus zwei Pylonen, einer Gebälkszone und einer hohen Attika zusammen. Von der Tür an der Ostseite des nördlichen Pylons aus führte eine Treppe zur Attika. In dieser befindet sich eine restaurierte, aus Ziegeln gemauerte Kammer. Auf der Ostseite der Attika befindet sich eine große lateinische Weihinschrift, in deren Einarbeitungen einst Bronzebuchstaben mit Dübeln eingelassen waren. Die Inschrift lautet: „Der Senat und das Volk von Rom für den vergöttlichten Titus, den Sohn Vespasians, den Vespasian Augustus". Aus der Bezeichnung des Titus als Divus geht hervor, dass der Kaiser bereits tot gewesen sein muss, als die Inschrift angebracht wurde. Demnach kann der Bogen frühestens nach

Abb. 60   Titusbogen, Ostseite.

81 n. Chr., dem Todesjahr des Titus, erbaut worden sein. Der Bau wurde während der Herrschaft Domitians in Auftrag gegeben und erst während der Regierungszeit Trajans vollendet. Zeitliche Indizien dafür liefert der Dekor der Gebälke, der in der Auswahl und Abfolge der Dekorelemente identisch ist mit der Ornamentik des Trajansbogens von Benevent.

Nach dem Text der Weihinschrift gaben der Senat und das römische Volk den Bau des Bogens in Auftrag. Der Wortlaut verweist auch auf die Bestimmung des Monuments: Der Ehrenbogen diente als bleibende Erinnerung an die Divinisierung des Kaisers Titus. Der Bildschmuck des Titusbogens bietet ein geschlossenes Programm, das auf die Inschrift abgestimmt ist und deren Aussage konkretisiert. Der figürliche Fries, der nur über dem Durchgang der Ostseite erhalten ist, zeigt den Triumph der Kaiser Vespasian und Titus über die Juden 71 n. Chr. Zwei Ereignisse aus diesem Triumph sind auf zwei Reliefs festgehalten, die sich an den Wänden der Innenseiten des Bogens befinden und von mit Ranken verzierten Pilastern gerahmt sind. Auf dem Bildwerk der Südseite ist der Zug beim Durchschreiten der Porta Triumphalis, des Ausgangspunkts der Zeremonie, dargestellt. Am rechten Bildrand steht das Tor, bekrönt von Viergespannen, auf das die Träger der Fercula, der Tragen mit der Beute darauf, von links kommend zugehen. Die mitgeführten Gegenstände sind die aus dem Tempel in Jerusalem geraubten silbernen Trompeten und der siebenarmige Leuchter, die Menorah. Auf dem nördlichen Pendant ist das Hauptereignis des Triumphs dargestellt: Titus erscheint in der Quadriga, ihm voran ziehen die Rutenbündel tragenden Liktoren. Die Göttin Roma hält die Pferde am Zaumzeug, während Viktoria auf dem Wagen steht und den Kaiser mit dem Siegeskranz krönt. Es folgen die allegorischen Darstellungen des römischen Volkes und des Senats. Das wichtigste Bildwerk des Bogens befindet sich aber im Scheitel des mit Kassetten verzierten Tonnengewölbes über dem Durchgang. Dargestellt ist Titus, wie er zwischen den Flügeln eines Adlers zum Himmel getragen wird (Abb. 61). Das Relief steht als Zeichen für die Apotheose und Divinisierung des verstorbenen Kaisers. Der Bogen ehrt nicht nur den vergöttlichten Kaiser, sondern begründet und demonstriert seine Göttlichkeit. In den Durchgangsreliefs der Sockelzone erscheint Titus im irdischen Triumph, der Voraussetzung und Ausdruck seiner göttlichen Stellung ist. Das Scheitelrelief zeigt als logische Konsequenz die Aufnahme des Kaisers unter die Divi. Im Kontext der Vergöttlichung stand auch das Bildwerk auf der Attika. Einen Anhaltspunkt über dessen Aussehen und Inhalt liefert eine Nachricht von Cassiodor (Cassiod. var. 10, 30, 1), der zufolge der König Theodahad im Jahre 535/36 n. Chr. die Restaurierung von ehernen Elefanten anordnete, da diese von ihrem Platz aus auf die Via Sacra zu fallen drohten. Nach der Bezeichnung *„in via sacra"* handelt es sich wohl um ein über der Straße stehendes Monument, für das sich am ehesten der Titusbogen anbietet. Bei dem bronzenen Bildwerk handelte es sich wohl um eine Elefantenquadriga, die als Bekrönung des Bogens sich inhaltlich sehr gut mit dessen Bildprogramm vereinbaren lässt, zumal der Elefant als ein Tier der Apotheose galt.

Abb. 61   Titusbogen, Scheitelrelief.

Der Tempel des Vespasian und des Titus

Neben der Südseite des Tempels der Concordia stand ein weiterer Kultbau, der wie der Titusbogen an die Vergöttlichung des Kaisers erinnerte (Abb. 62; vgl. Abb. 1 [35]). Die Dedikationsinschrift, die durch eine Abschrift von dem „Anonymus von Einsiedeln", einem Pilger aus dem 8. Jh., überliefert ist, besagt, dass der Tempel vom Senat dem vergöttlichten Vespasian geweiht und von Septimius Severus und Caracalla restauriert wurde. Einer Nachricht im Katalog der Regionen Roms (Notitia Regionum VIII) zufolge war der Tempel auch dem Sohn Vespasians, Kaiser Titus, geweiht. Von der mit 6 x 2 Säulen ausgestatteten marmornen Vorhalle sind drei Säulen an der Nordostecke erhalten. Die aufwendig gestalteten Kapitelle und Gebälke gehören zu den wenigen bekannten Beispielen stadtrömischen Baudekors aus frühdomitianischer Zeit. An den vorhandenen Bauresten ist keine severische Restaurierung nachweisbar, deren Umfang vermutlich gering war. Auf dem Fries sind geläufige Kultgeräte, eine Opferschale, ein Messer, eine Axt, eine Amphora, ein Priesterhelm, ein Weihwedel und ein Bukranium dargestellt.

Der Equus Domitiani

Auf dem zentralen Forumsplatz ließ der Kaiser Domitian eine bronzene Reiterstatue mit seinem Bildnis, den Equus Domitiani, aufstellen. Sie war von solcher Monumentalität, dass sie nach den Worten des Dichters Statius (Stat. silv. 1, 1) „die umliegenden Gebäude zur Kulisse für den Kaiser machte, welcher aus dieser Höhe die Tempel der Götter überstrahlte und das Haus der Vestalinnen überwachte, solange Erde und Himmel stehen und Roms Tage andauern würden". Das Bildwerk stellte nicht nur den Forumsplatz mit seinen umliegenden Bauten in den Schatten, sondern auch die berühmten Reiterstandbilder des Sulla, Pompeius und Augustus an den Rostra. Nach dem gewaltsamen Tod Domitians, welcher der *Damnatio memoriae* anheim fiel, wurde das Monument sogleich entfernt.

Der Tempel des Antoninus Pius und der Faustina

Der in spätrepublikanischer Zeit errichtete Tempel wurde nach dem Tod der Faustina im Jahr 141 n. Chr. zum Kultbau der divinisierten Ehefrau des Kaisers Antoninus Pius, der nach seinem Tod und seiner Vergöttlichung im Jahr 161 n. Chr. ebenso in den Kult aufgenommen wurde (siehe oben S. 25f.) (vgl. Abb. 1 [11]. 14). Letzteres Ereignis wurde in der schon bestehenden Dedikationsinschrift ergänzend nachgetragen. Der Tempel erhielt eine neue marmorne Deko-

Abb. 62 *Tempel des Divus Vespasianus.*

ration, von der die Säulen der Vorhalle aus Cipollin und die äußere Ordnung korinthischer Prägung erhalten ist. Vermutlich wurden zu diesem Zeitpunkt auch das Podium und die Cella des alten Tempels aus Peperin mit Marmorplatten verkleidet. Der Fries zeigt ein Relief mit Greifen, die um einen Kandelaber, an dessen Seiten spiralenförmige Ranken emporwachsen, antithetisch angeordnet sind. Der unverzierte Architrav, der Dekor des Frieses und der Pfeifenstab auf der Stirn des Geison verleihen dem Bauwerk ein klassisches Erscheinungsbild, das für den antoninischen Zeitgeschmack charakteristisch ist. Im sakralen Kontext sind die Greifen wohl als Wächter des Tempels zu verstehen.

Der Bogen des Septimius Severus

Der monumentale Triumphbogen des Septimius Severus ragt vor der Front des Tempels der Concordia am Ende der Via Sacra auf, an die der Aufgang zum Kapitol, der Clivus Capitolinus, anschließt (vgl. Abb. 1 [37]. 49). Das Siegesmonument steht auf den Fundamenten eines älteren Bogens, welcher der „Partherbogen" des Augustus gewesen sein könnte. In diesem Fall würde sich die Platzwahl des jüngeren Bogens erklären, der wie der Vorgängerbau an den Sieg über die Parther erinnert. Laut der Ehreninschrift auf der Attika ließen der Senat und das römische Volk den Ehrenbogen für Septimius Severus und seinen beiden Söhnen Geta und Caracalla anlässlich des Sieges über die Parther errichten. Nach der Ermordung des Geta durch seinen Bruder Caracalla wurden die Namen Getas getilgt und durch die Formulierung *optimis fortissimisque principibus*, den besten und mächtigsten Fürsten, ersetzt. Der aus Travertin und Ziegelsteinen bestehende Torbau ist gänzlich mit prokonnesischem Marmor verkleidet. Gegliedert ist die Fassade auf beiden Seiten durch vier Säulen kompositer Ordnung, die für Bogenmonumente traditionell verwendet wurde. Die hohen und mit Reliefs geschmückten Piedestale, die römische Soldaten mit gefangenen Parthern zeigen, steigern die Wirkung des kolossalen Erscheinungsbilds des Monuments. Der Bildschmuck folgt der üblichen römischen Siegesikonographie: In den Zwickeln des Mittelbogens sind Viktorien mit Trophäen dargestellt, die zu dem mit einem Bild des Mars versehenen Schlussstein blicken. In den Zwickeln der seitlichen Bögen befinden sich Reliefs mit der Wiedergabe von Flussgöttern. Darüber verläuft ein schmaler Fries mit der Darstellung des Triumphzuges, der den Kaiser zum Kapitol begleitete. Die vier großen Bildfelder über den Seitenportalen thematisieren die Belagerung und Eroberung der Städte Nisibis und Edessa im ersten Feldzug gegen die Parther 195 n. Chr. sowie der Städte Seleukia am Tigris und Ktesiphon im zweiten Partherkrieg 197–198 n. Chr. Wie ein Münzbild aus dem Jahr 204 n. Chr. belegt, war der Bogen von einer ehernen Quadriga mit den beiden Kaisern bekrönt.

Abb. 63   Horrea Agrippiana, schemati-
scher Grundriss.
1: Eingang; 2: Läden (Tabernen);
3: Passage; 4: Hof; 5: Sacellum des
Genius der Horrea Agrippiana.

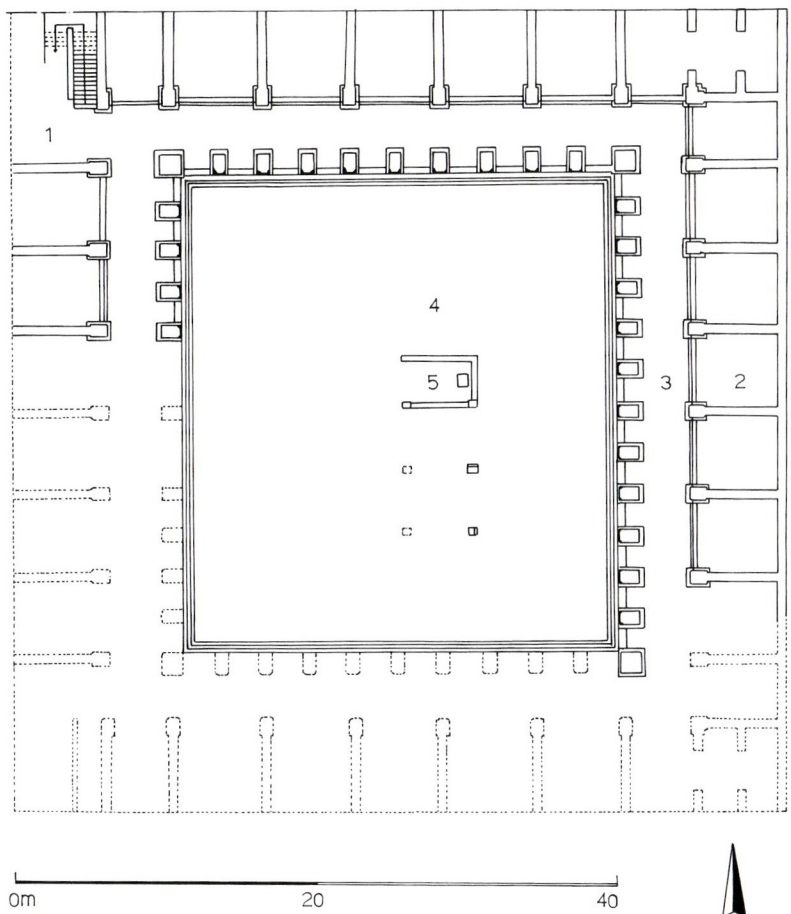

Kaiserzeitliche Nutzbauten auf dem Forum Romanum

Auch wenn das Forum Romanum immer mehr zu einem Ort der Erinnerung wurde, so gab es doch noch Bauwerke von anderer Bestimmung, wovon die merkantil genutzten Basiliken und die Speicherbauten, die Horrea, als herausragende Zeugnisse anzuführen sind.

Die Horrea Agrippiana

Die Anlage der Horrea Agrippiana liegt unter dem Nordosthang des Palatin am Vicus Tuscus sowie zwischen der Kirche S. Teodora und dem domitianischen Gebäudekomplex, der in frühchristlicher Zeit in die Kirche S. Maria Antiqua umgebaut wurde (Abb. 63). Das 1903 ausgegrabene Bauwerk, von dem zwei Drittel der gesamten Fläche freiliegen, konnte als ein Lagerhaus identifiziert werden.

Die Horrea Agrippiana werden im Katalog der Regionen Roms und in einigen Inschriften mit verschiedenen Namen bezeichnet. Bezeugt sind die Namen Horrea Agrippiana und die Horrea Germaniciana et Agrippiana. Darüber hinaus erwähnt eine Grabinschrift, die in der Via Nomentana gefunden wurde (CIL XIV 3958), einen *vestiarius de horreis Agrippinianis*. Aufgrund der verschiedenen Namensüberlieferungen stellt sich die Frage, ob es sich um einen Irrtum in der Namensnennung oder im Fall des Katalogs der Regionen um zwei verschiedene Gebäude handelt. Zu den epigraphischen Zeugnissen, die sich auf die Horrea Agrippiana beziehen, sind zwei Grabinschriften (CIL VI 9972, 10026) und eine Weihinschrift hinzuzufügen. Letztere befindet sich auf einer Statuenbasis, die in einem Sacellum *in situ* im Hof der Horrea steht. Zwei Grabinschriften (CIL VI 9972; XIV 3958) nennen die *vestiarii* der Horrea Agrippiana. Diese Personen hatten eine vergleichbare Funktion wie die Stoff- (Martial 11, 27, 11; CIL XIV 2433) und Kleiderverkäufer (CIL VI 9976, 33920) an dem Vicus Tuscus und dem Cermalus Minusculus. Dabei handelte es sich wohl nicht um Kaufleute, die ihre Handelsgeschäfte im Innern der Horrea ausübten, sondern um Verkäufer, die ihre Verkaufsstände am Vicus und in unmittelbarer Nähe der Lagerräume hatten. Von wichtigstem Aussagewert ist aber die Weihinschrift auf der Statuenbasis, zumal sie in ihrem archäologischen Kontext bekannt ist. Laut dem Text weihten drei Kaufleute dem Genius der Horrea Agrippiana eine Statue, die auf einer Basis im Sacellum stand. Die Nennung der Horrea Agrippiana ermöglichte die Identifizierung des Komplexes am Vicus Tuscus.

Der annähernd rechteckige Grundriss der Horrea Agrippiana mit einer maximalen Seitenlänge von 55 m zeigt auf allen vier Seiten Läden, die sich zu einem zentral gelegenen Hof hin öffnen (Abb. 63 [2–4]). Dieses Schema ist auch an den großen Magazinbauten in Ostia feststellbar. Auf Fragmenten der Forma Urbis, eines marmornen Stadtplans von Rom aus severischer Zeit, sind ähnliche Bauten dargestellt. Der gesamte Komplex war ursprünglich von einer Mauer in *Opus quadratum* aus Tuffstein umgeben, von der noch die Südwestseite zum Palatin hin erhalten ist. Im Innern verliefen entlang der vier Seiten der Umfassungsmauer die in mehreren Geschossen angeordneten Lagerräume. Die mit einem Gewölbe überspannten Räume besaßen einen Fußboden aus *Opus spicatum*. Im oberen Bereich fand sich ein hölzernes Dachgeschoss, das durch eine Treppe zugänglich war. Zwischen den Tabernen und dem zentral gelegenen Hof verlief eine 5 m breite Passage mit Arkaden, deren zweigeschossige

Fassade mit Pilastern aus Travertin versehen war. Von der unteren Ordnung sind drei Pilaster *in situ* auf der Südseite am Fuß des Palatins erhalten. Der Eingang lag auf der Seite zum Vicus Tuscus. Zwei Treppen, die sich in den beiden ersten Räumen hinter dem Eingangsportal befinden, gewährten Zugang zu den oberen Geschossen (Abb. 63 [1]). Insgesamt verfügte das etwa 21 m hohe Gebäude über drei Stockwerke. Im Zentrum des mit Travertinplatten gepflasterten Hofes ragte das dem Genius der Horrea Agrippiana geweihte Sacellum empor (Abb. 63 [5]). Die noch teilweise erhaltene Bausubstanz besteht aus Ziegelmauerwerk. Der Fußboden ist mit einem Mosaik aus schwarzen und weißen Tesserae geschmückt. Nach dem Stil seiner vegetabilen und maritimen Motive stammt das Mosaik aus dem 3. Jh. n. Chr. Die oben genannte Weihinschrift auf der Statuenbasis, der Stil der Bauornamentik und die Konstruktionstechnik des Mauerwerks befürworten eine Errichtung der Horrea Agrippiana zu Lebzeiten des Marcus Vipsanius Agrippa, womit sich eine Datierung zwischen 33 v., seinem ersten Amtsjahr als Ädil, und 12 v. Chr., seinem Todesjahr, ergibt. Im 4. oder 5. Jh. n. Chr. wurde im Innern des Hofes eine Serie von überwölbten Räumen erbaut, deren Wände auf dem Hofpflaster aufliegen. Es handelt sich aller Wahrscheinlichkeit nach um neue Läden, deren Neubau mit der Absicht verbunden war, neue Kapazitäten für Nutzräume zu erschließen.

Die Horrea Piperataria

Kaiser Domitian ließ nördlich der Via Sacra im östlichen Bereich des Forum Romanum die Horrea Piperataria errichten. Bei dem Gebäude handelte es sich um ein Lagerhaus aus Ziegelmauerwerk, in dem Waren – Pfeffer und Gewürze aus Ägypten und Arabien – verkauft wurden (Cass. Dio 72, 24). Auf der Westseite des Komplexes grenzten Läden an das Forum Pacis an. Während der Herrschaft der Kaiser Commodus (191 n. Chr.) und Carinus (283 n. Chr.) suchte ein Feuer das Gebäude heim. Gegen Ende des 3. Jhs. n. Chr. wurde es aufgegeben und über dessen Ruinen die monumentale Basilika des Maxentius errichtet.

Die neue Gestaltung des Forumsplatzes als Erinnerungsort für die Tetrarchie

Kaiser Diokletian schuf nach seinem Amtsantritt im Jahr 284 n. Chr. ein neues Herrschaftssystem, die als Tetrarchie bezeichnete „Vierherrschaft". Zwei amtierende Kaiser, die Augusti, erhielten an ihre Seite zwei Caesares, die Unterkaiser, als Unterstützung. Dieses System entstand in der Absicht, die vielfältigen Aufgaben politischer und administrativer Art im römischen Reich effizienter zu bewältigen. In diokletianischer Zeit erhielt der Forumsplatz auf der Ostseite vor

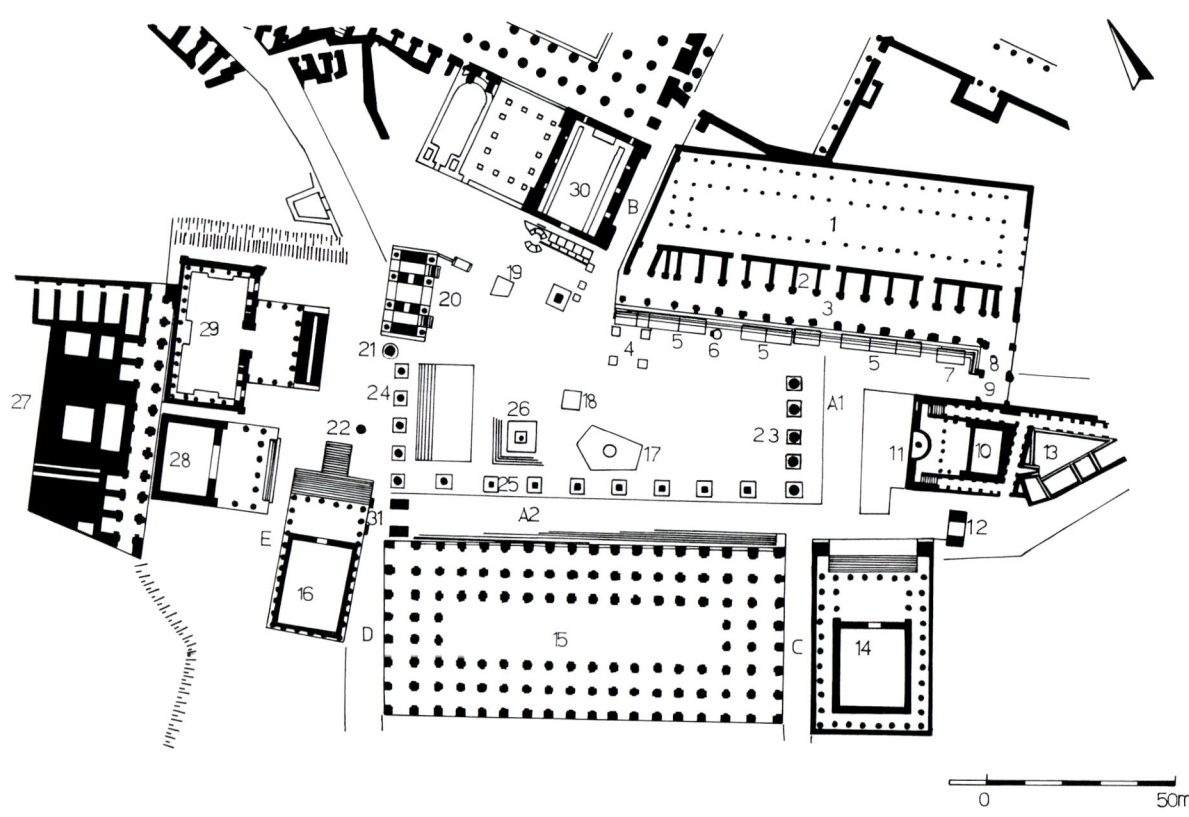

Abb. 64   Forum in spätantiker Zeit, Lageplan.

1: Basilica Aemilia; 2: Tabernae Novae; 3: Portiken; 4: Heiligtum des Janus (?); 5: Sacella; 6: Sacellum der Venus Cloacina; 7: Puteal Libonis (?); 8: Bogen des Gaius und Lucius Caesar; 9: Bogen der Fasti Consulares und Triumphales; 10: Tempel des Divus Iulius; 11: Rostra des Tempels des Divus Iulius; 12: Augustusbogen („Actiumbogen"); 13: Regia; 14: Tempel der Dioskuren; 15: Basilica Iulia; 16: Tempel des Saturn; 17: Lacus Curtius; 18: Marsyas; 19: Lapis Niger; 20: Bogen des Septimius Severus; 21: Umbilicus Urbis (Mundus); 22: Milliarium Aureum; 23: Spätantike Rostra mit Fünfsäulendenkmal; 24: Rostra mit Fünfsäulendenkmal; 25: Südseite des Forumsplatzes mit sieben Säulen; 26: Säule des Phokas; 27: Tabularium; 28: Tempel des Divus Vespasianus; 29: Tempel der Concordia; 30: Curia; 31: „Tiberiusbogen"; A1–A2: Via Sacra; B: Argiletum; C: Vicus Tuscus; D: Vicus Iugarius; E: Clivus Capitolinus.

der Front der Rostra ad Divi Iulii eine neue Rednertribüne mit fünf Säulen, auf denen Ehrenstatuen standen. Entsprechende fünf Säulen schmückten die Rostra Augusti auf der gegenüberliegenden Seite. Weitere sieben Säulen auf der Südseite vor der Front der Basilica Iulia verbanden die beiden anderen Reihen auf den Schmalseiten (Abb. 64 [23–25]). Die Abschirmung durch Säulen auf drei Seiten hatte eine Separierung des zentralen Forumsplatzes von dem um-

Abb. 65   *Forumsplatz, Phokassäule.*

Abb. 66 Dezennalienbasis.

a) Relief mit Viktorien (Nordseite); b) Prozession der Senatoren (Ostseite); c) Sühneopfer (Westseite); d) Trankopfer des Kaisers (Südseite).

gebenden Straßennetz zur Folge (Abb. 67). Die noch offen gebliebene Nordseite ist zu den Kaiserfora ausgerichtet. Das Fünfsäulendenkmal, das auf einem Relief auf der Nordseite des Konstantinsbogens dargestellt ist, wurde im Jahr 304 anlässlich des zwanzigjährigen Thronjubiläums der beiden Augusti (Vizennalien) und des zehnjährigen Thronjubiläums der Caesares (Dezennalien) errichtet. Zusammen mit den Ehrenstatuen sollte das Monument die Gleichheit (*aequalitas*), die Brüderlichkeit (*fraternitas*) und die Eintracht (*concordia*) der vier Herrscher sichtbar zur Geltung bringen. Die mit einem korinthischen Kapitell und einer Ehrenstatue bekrönten Säulen ragten auf hohen reliefverzierten Piedestalen empor. Auf der mittleren und höchsten Säule war eine Statue des

Iuppiter angebracht, die ihn mit einem Hüftmantel und den Attributen des Langszepters und des Adlers zeigte. Die übrigen vier gleich hohen Säulen, die paarweise die mittlere flankierten, trugen die Ehrenstatuen der beiden Augusti und Caesares. Alle waren einheitlich in der Toga mit Langszepter dargestellt.

Diokletian akzentuierte den neu geschaffenen monumentalen Komplex durch die Errichtung einer Säule, der späteren Phokassäule, die in der Größe und Höhe alle anderen auf dem Forum übertraf (Abb. 64 [26]. 65). Vermutlich trug sie ursprünglich eine Ehrenstatue des Kaisers Diokletian, die im Jahr 608 durch die vergoldete Statue des Phokas ersetzt wurde. Mit der neuen Platzgestaltung verband Diokletian die Absicht, ein ihm eigenes Forum an diesem so traditionsreichen Ort zu errichten.

Einer der mit Reliefs geschmückten Sockel (Abb. 66 a–d), der 1547 an der Nordostecke der augusteischen Rostra gefunden wurde, verherrlicht die Dezennalien der Caesares zusammen mit einem weiteren, heute verlorenen Sockel, dessen Reliefs die Vizennalien thematisierten. Die Dezennalienbasis steht heute auf einem Backsteinfundament auf dem Forumsplatz in der Nähe der Rostra Augusti. Das nach Norden zur Via Sacra ausgerichtete Relief zeigt einen von zwei Viktorien gehaltenen Schild mit der Weihinschrift *Caesarum decennalia feliciter* (Abb. 66 a). Auf der Ostseite ist eine Prozession der Senatoren (Abb. 66 b), auf der Westseite das Sühneopfer (Abb. 66 c), die Suovetaurilien, dargestellt. Diese bestehen aus einem Stier, einem Widder und einem Schwein, die durch ihren Festschmuck als Opfertiere ausgewiesen sind. Auf der Südseite ist die bedeutendste Szene der Zeremonie, das Trankopfer des Kaisers, zu sehen (Abb. 66 d): Der vor einem Altar opfernde Herrscher wird von einer Siegesgöttin bekrönt. Neben ihm erscheinen in vorderer Reihe ein Diener, ein Priester, der durch den spitzen Hut als Flamen Martialis gekennzeichnet ist, der Gott Mars in nackter Gestalt und mit einem Helm versehen, sowie ein Togatus mit Bart, der einer der beiden Augusti sein könnte. Hinter dem Kaiser steht ein Togatus, die Personifikation des Senats, die sitzende Göttin Roma und schließlich das von einem Strahlenkranz umringte Haupt des Gottes Sol.

Die Sockel der sieben Säulen auf der Südseite haben einen Kern aus Quadersteinen, die mit Ziegeln ummantelt sind. Letztere tragen Stempel aus konstantinischer Zeit. Für die Errichtung der Phokassäule verwendete man Bauglieder älterer Gebäude, wie der kannelierte Säulenschaft und das korinthische Kapitell aus dem späten 2. Jh. n. Chr. bezeugen. Auch die umlaufenden Stufen bestehen aus wiederverwendeten Tuffblöcken.

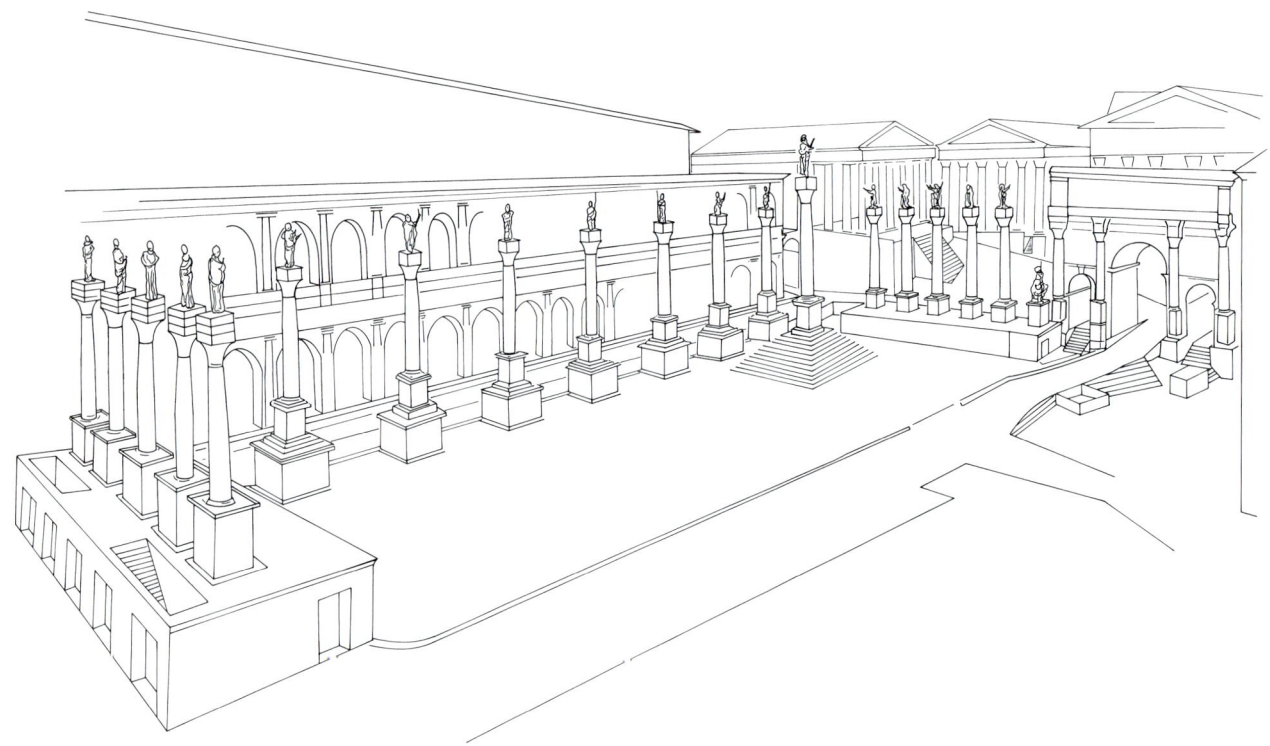

Abb. 67   Forumsplatz in der Zeit des Kaisers Diokletian (Ende 3. Jh. n. Chr.).

Die Curia und die Basiliken auf dem Forum Romanum in spätantiker Zeit: die Bewahrung römischer Tradition

Auf dem Forum Romanum fanden auch umfangreiche Reparaturarbeiten an den Großbauten statt, die von einem Brand im Jahr 283 n. Chr. heimgesucht wurden: Dazu gehören die Curia, die Basilica Aemilia und die Basilica Iulia, die alle in Ziegelmauerwerk restauriert wurden.

Die Curia

Nach einem großen Brand im Jahr 283 n. Chr., der die Bauten in der nordwestlichen Hälfte des Forums heimsuchte, wurde die Curia während der Herrschaft Diokletians als Ziegelbau wiedererrichtet (vgl. Abb. 35. 64 [29]). Diese Form hat sie bis heute im Wesentlichen beibehalten dank dem Umstand, dass Papst Honorius (625–638 n. Chr.) das Bauwerk in die Kirche S. Adriano verwandeln ließ. Der Vorgang spiegelt den politischen Verlust des Senats und die

wachsende Bedeutung des Papsttums nach dem Pontifikat Gregors des Großen (590–604 n. Chr.) wider. Eine moderne Restaurierung fand in den Jahren
zwischen 1930 bis 1936 statt.

Die diokletianische Curia hat einen rechteckigen Grundriss mit auffallend
breiten Pfeilern an den Ecken. Über den Pfeilern der Front und Rückseite verlaufen Giebel. Im Pfeiler der Südwestecke befindet sich ein Treppenhaus, das
zu dem giebelförmigen Dach des Gebäudes führt. Die mit Entlastungsbögen
versehenen Außenmauern aus Ziegelsteinen waren von großen Fenstern
durchbrochen. Die untere Hälfte der aufgehenden Mauern war mit Marmorplatten verkleidet, die obere mit Stuck. Drei große Fenster und eine Tür mit
Bronzeflügeln schmücken die Front. Im 17. Jh. wurden die originalen Bronze-
flügel in das mittlere Portal von S. Giovanni in Laterano verbaut und die am
Portal der Curia durch Kopien ersetzt.

Der 21 m hohe, 18 m breite und 27 m lange Innenraum verfügt über eine
flache Decke. Der Marmorfußboden aus diokletianischer Zeit ist mit kostbaren
marmornen Intarsien aus Serpentin, Porphyr und Giallo Antico versehen (Abb.
68 a). Diese besonders aufwendige Technik wird *Opus sectile* („geschnittenes
Werk") (Abb. 68 b) genannt. Der Saal ist in drei Abschnitte geteilt (Abb. 69). Vor
den Langseiten verlaufen drei breite niedrige Stufen, auf denen die Sessel der
Senatoren standen. Zwischen den beiden Türen in der Rückwand ist ein Sockel,
auf dem die beiden Konsuln auf kostbar gestalteten Stühlen, den Sellae Curulis,
Platz nahmen. Auf einer Basis ragte die Statue einer Viktoria empor, die aus
Tarent stammte und die Augustus in der Curia aufstellen ließ. Um diese Statue
entbrannte am Ende des 4. Jhs. n. Chr. der bekannte Streit zwischen Ambrosius
und Aurelius Symmachus, einem der letzten heidnischen Senatoren in Rom. Der
Sieg des Ambrosius hatte die Entfernung der Statue zur Folge. Heute steht auf
dem Podium die Porphyrstatue eines Togatus, die hinter der Curia gefunden
wurde und wahrscheinlich als Ehrenmal für Kaiser Trajan aufgestellt war. In den
Seitenwänden befinden sich drei Nischen, in denen Ehrenstatuen standen. Noch
für Vitruv (Vitr. 5, 2, 1) bildete die Curia Ausdruck der *dignitas* einer Stadt. Des-
halb sollte sie möglichst hoch sein und dabei ihre Umgebung überragen.

Plutei Traiani (Anaglypha Traiani)

Zwei große in der Curia ausgestellte Reliefs, die als Plutei oder Anaglypha
Traiani bezeichnet werden, wurden auf dem Forumsplatz gefunden und waren wohl ursprünglich Schrankenplatten (Abb. 70 a. b). Dargestellt sind zwei
höchst populäre Ereignisse während der Herrschaft Trajans, die als Lob auf die
Großzügigkeit und Wohltätigkeit des Kaisers zu verstehen sind.

Das westlich vom Eingang (linke Seite) postierte Relief (Abb. 70 a) zeigt den
Steuerschuldenerlass für die Bürger in der Szene, in der die Verzeichnisse der

Abb. 68a   Curia, Innenraum.

Abb. 68b   Curia, Fußboden mit Einlagen aus Opus sectile.

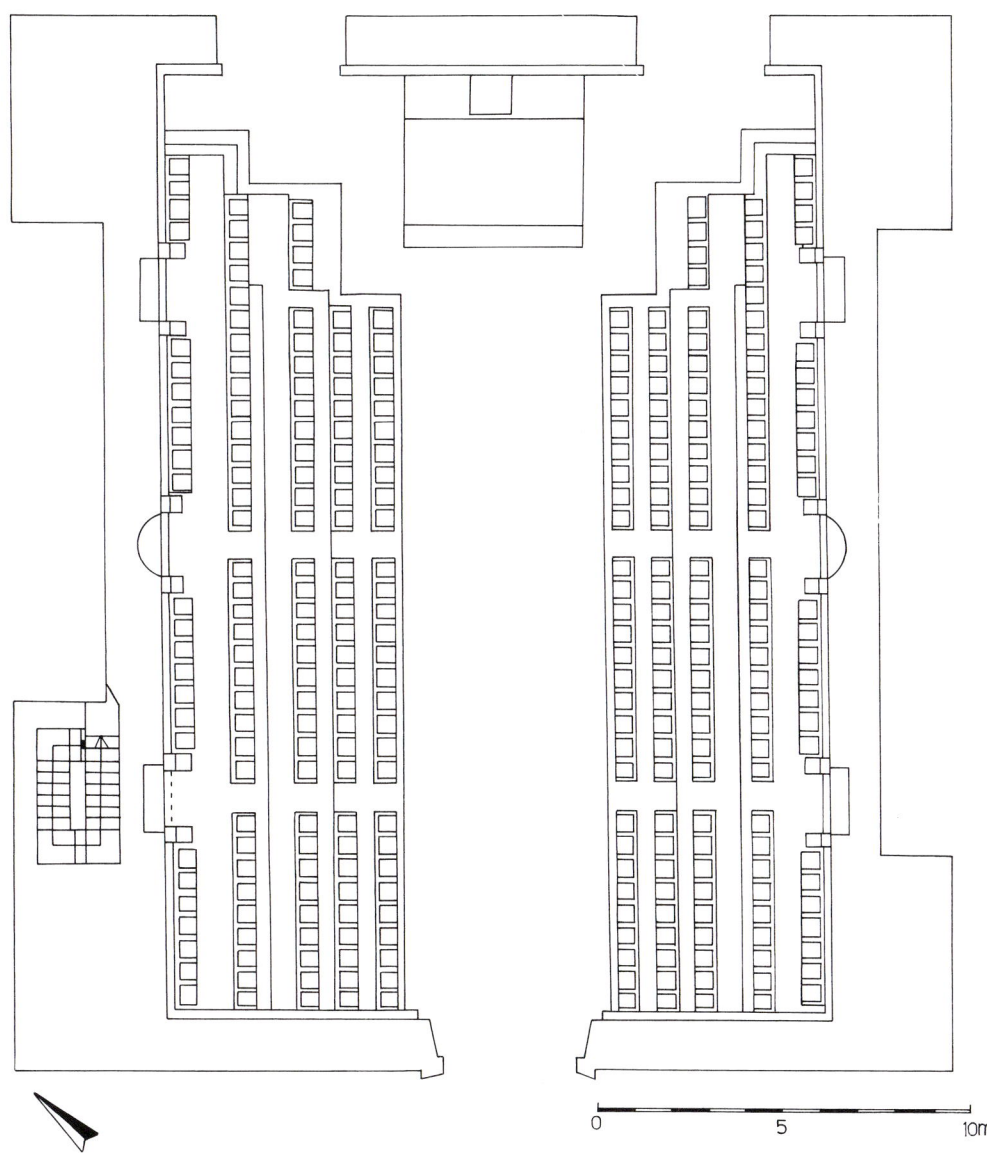

Abb. 69 Curia, caesarischer Bau, schematischer Grundriss.

Schulden in Anwesenheit des Kaisers verbrannt werden. Im Hintergrund sind die an den Forumsplatz angrenzenden Bauten zu sehen, die in ihrer Abfolge von links nach rechts die Südwestansicht der Bebauung des Forums wiedergeben: Der Feigenbaum, die Statue des Marsyas, die Nordfront der Basilica Iulia, der durch eine Lücke angedeutete Vicus Iugarius, das Heiligtum des Saturn sowie

Abb. 70   Curia, Plutei (Anaglypha) Traiani.
a) Relief mit der Darstellung der Vernich-tung der Steuerakten; b) Relief mit der Darstellung der Stiftung der Alimenta.

der Tempel des Vespasian und des Titus schildern die topographische Situation.

Das östlich des Eingangs aufgestellte Relief (rechte Seite) (Abb. 70 b) gilt den Alimenta, bei denen es sich um niedrig verzinste Darlehen für die Land-wirtschaft handelt, deren Ertrag der Unterstützung Not leidender Kinder zu-gute kommen sollte. Auf das Thema verweist die Personifikation der Italia, die ein Kind im Arm hält. Vor ihr sitzt der Kaiser auf einem Podest im Beisein von Senatoren. Die Bauten im Hintergrund bilden ein Panorama, das diesmal die Südostansicht des Forumsplatzes in der Abfolge von links nach rechts zeigt: Ausgangspunkt ist die Statue des Marsyas, welcher der Feigenbaum folgt, die Basilica Iulia, der Vicus Tuscus, der Tempel der Dioskuren, ein Bogenmonument (wohl der Augustusbogen) und schließlich ein Podium, das mit den Rostra vor der Front des Tempel des Divus Iulius zu identifizieren ist. Auf der Rückseite beider Reliefs sind die Suovetaurilia (s. o.) dargestellt.

Die Basilica Aemilia

Die Basilica Aemilia hatte bis in die spätantike Zeit einen hohen Stellenwert inne (vgl. Abb. 64 [1–3]). Nach der herkömmlichen Meinung wurde das Gebäude bei dem Einfall der Westgoten um 410 n. Chr. zerstört, wobei die in der Brandschicht gefundenen Münzen aus den Jahren 410/411 als Belege für diese Annahme dienen. Man gab angeblich die Aula vollständig auf und verdeckte die Ruine mit Blendfassaden. Die zum Forum gewandten Tabernen und Portiken wurden nur zum Teil wiederaufgebaut. Es existieren aber archäologische Indizien, die dieser *opinio communis* widersprechen und auf ein ganz anderes Bild über die Nutzung der Basilika nach 410 n. Chr. schließen lassen. Lediglich die Stände der Wechsler im Inneren wurden durch Feuer beschädigt, wofür die Brandspuren auf dem Fußboden aus Marmor als Zeugnisse dienen. Die Portiken vor den Läden waren entweder zerstört oder durch Feuerspuren unansehnlich geworden. Eine Ehreninschrift für die Kaiser Honorius und Arkadius aus den Jahren 418–420 erinnert an die Wiederherstellung der Portiken durch den Stadtpräfekten Aurelius Anicius Symmachus. Verwendete man für die Säulenordnung ältere korinthische Kapitelle und Säulen aus rotem Granit aus der Kaiserzeit, so wurden die roh belassenen Säulenpostamente und der Architrav vermutlich aus den aus lunensischem Marmor bestehenden alten Baugliedern der augusteischen Portiken hergestellt (Abb. 71). Es hat den Anschein, dass deren originale Partien, die nicht beschädigt waren, stehengelassen und damit in den Neubau der Säulenhalle integriert wurden. Belege dafür liefern Blöcke der dorischen Säulenordnung auf der Südseite der Basilika (Abb. 72) und Veduten aus der Renaissance, welche die dorisierende Säulenordnung an der Südwestecke des Bauwerks *in situ* zeigen. Neue Böden aus *Opus sectile*, die in der zweiten Hälfte des 6. Jhs. vor dem Osteingang und in zwei Läden verlegt wurden, belegen die noch immer luxuriöse Ausstattung des monumentalen Bauwerks. Die während der Grabungen vorgefundene Sturzlage von Baugliedern der zweiten Säulenordnung auf den Trümmern der Südmauer der Basilika beweist, dass beide Säulenordnungen bis zuletzt aufrecht standen. Die Säulenordnungen wurden erst im 8. oder 9. Jh. n. Chr. von der fallenden

Abb. 71   Basilica Aemilia,
spätantike Portiken
(nach 410 n. Chr.).

Abb. 72a.b Basilica Aemilia, Blöcke eines Metopen-Triglyphen-Frieses der Portiken.

Mauer zum Einsturz gebracht. Ein weiteres Indiz gegen die Annahme einer Aufgabe der Aula liefert die vermeintliche Blendfassade am Argiletum, die in Wirklichkeit aufwendig in Nischen gegliedert und mit Marmor verkleidet war. Wahrscheinlich zog man auch über der Brandschicht einen neuen Plattenboden ein, der im Zuge der neuzeitlichen Plünderungen wieder beseitigt wurde. Nach den Maßnahmen zur Renovierung zu urteilen, war man bemüht, die vom

Abb. 73   Basilica Iulia, Statuensockel mit Stifterinschrift.

Abb. 74 Basilika des Maxentius.

Brand heimgesuchte Aula wiederaufzubauen und vor allem ihr luxuriöses Erscheinungsbild wiederherzustellen. Der große Aufwand zeugt von der Wertschätzung des traditionellen Bauwerks in spätantiker Zeit und dem Bedürfnis nach einem wieder funktionsfähigen Bank- und Gerichtsgebäude. Erst ab dem 7. Jh. n. Chr., als das Papsttum zunehmend an Einfluss gewann, hatte die nahezu neunhundert Jahre lang existierende Basilica Aemilia ihre ursprünglichen Funktionen und damit auch ihr politisches Wirkungsfeld verloren.

Die Basilica Iulia

In spätantiker Zeit behielt die Basilica Iulia ungebrochen ihre Bedeutung und hohen Stellenwert bei (vgl. Abb. 37. 64 [15]). Selbst der Einfall der Westgoten in Rom um 410 n. Chr., bei dem mehrere Gebäude auf dem Forum Romanum, insbesondere die Basilica Aemilia, durch Brandschatzung beschädigt wurden,

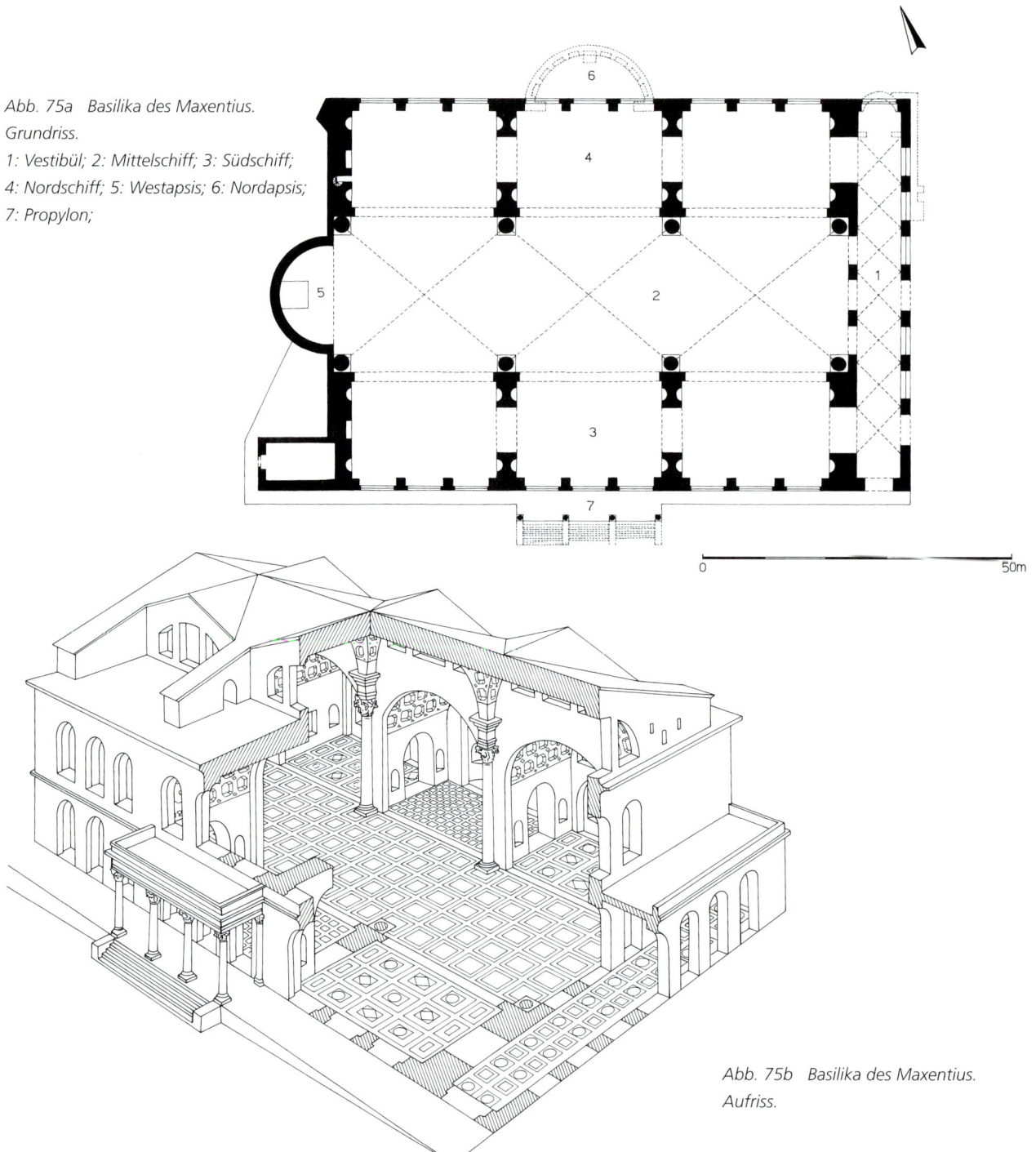

Abb. 75a   Basilika des Maxentius.
Grundriss.
1: Vestibül; 2: Mittelschiff; 3: Südschiff;
4: Nordschiff; 5: Westapsis; 6: Nordapsis;
7: Propylon;

0   50m

Abb. 75b   Basilika des Maxentius.
Aufriss.

hatte keine Aufgabe oder reduzierte Nutzung der Bauwerke zur Folge. Der gleiche Sachverhalt gilt für die Basilica Iulia, die wie ihr Pendant auf der Nordseite mit alten Statuen neu geschmückt wurde. Dabei wurden im Bereich der Portiken liegende Altäre als Statuensockeln wiederverwendet. Die Weihinschriften wurden getilgt und neue Stifterinschriften angebracht, die an die Wiederherstellung alter Bildwerke durch den Praefectus urbi Gabinius Vettius Probianus erinnern (CIL VI 1156, 1658, 31883–31887) (Abb. 73). Einige Inschriften an den Basen bezeugen Statuen des Polyklet, des Timarchos und des Praxiteles. Bei diesen Statuen handelte es sich um römische Kopien berühmter klassischer Bildwerke. An diesem Vorgang ist nicht nur der behutsame Umgang mit alten Skulpturen ablesbar, sondern auch die Wertschätzung des Bauwerks, indem es durch alte und ehrwürdige Ausstattungselemente aufgewertet wurde. Erst der Einbau der Kirche S. Maria in Cannapara an der Nordwestecke der Portiken im 7. oder 8. Jh. und die in diesem Bereich installierten Kalköfen mit Werkstätten und Läden markieren die Aufgabe der Basilica Iulia in ihrer bisherigen Bestimmung.

Die Bewahrung römischer Tradition

Große bauliche Veränderungen fanden in spätantiker Zeit auch im nordöstlichen Bereich des Forum Romanum, der Velia, statt. Maxentius ließ eine monumentale Basilika und den „Tempel des Romulus" errichten sowie Umbauten am Tempel der Venus und Roma durchführen.

Die Basilika des Maxentius

Den Bau der Basilika veranlasste Kaiser Maxentius, der aber durch seinen Tod in der Schlacht an der milvischen Brücke (313 n. Chr.) die Einweihung des Gebäudes nicht mehr erleben konnte. Das kolossale Bauwerk steht an der Stelle der einstigen Horrea Piperataria, die dem Neubau weichen mussten (Abb. 74). Das Konzept des Maxentius ist nicht an den herkömmlichen Basiliken orientiert, sondern an den Prunkräumen von Thermen, wie ein Vergleich mit dem Frigidarium der Diokletiansthermen bezeugt. Der ursprüngliche Bau, der eine Ausrichtung von Osten nach Westen hatte, bestand aus einem 80 x 25 m langen und 35 m hohen Mittelschiff und zwei Seitenschiffen (Abb. 75 a). War das mittlere mit einem Kreuzgratgewölbe versehen, so gliederten sich die Seitenschiffe in drei Joche, die wie das bis heute erhaltene nördliche Seitenschiff zeigt, mit einem Tonnengewölbe überspannt waren (Abb. 75 b). Über ein Vestibül auf der Ostseite (Abb. 75 a [1]) gelangte man durch drei Eingänge in das mit einer Apsis im Westen versehene Mittelschiff, durch einen Eingang in die

Abb. 76 Vestibül des Stadttempels
(Templum Urbis Romae), Südfassade. Das
Bauwerk wird irrtümlich als „Tempel des
Romulus" bezeichnet.

seitlichen Hallen. Durch diese Disposition waren zwei Bewegungslinien gegeben: die eine verlief im Zentrum von Osten nach Westen, die andere parallel
dazu in den Seiten. Das Gewölbe im Zentrum lag auf 14,5 m hohen Säulen
aus prokonnesischem Marmor auf. Die einzige erhaltene Säule ließ Papst Paul
V. im Jahr 1613 auf dem Platz vor S. Maria Maggiore aufstellen. Ursprünglich
war die Apsis an der Westseite unterkellert und damit zunächst nicht für die
Aufnahme einer Statue bestimmt (Abb. 75 a [5]). In ihrer Funktion als Audi-
enzstätte des Kaisers ist sie vergleichbar mit den Empfangssälen in den Herr-
schaftssitzen der Tetrarchen, wofür das bekannteste Beispiel die Aula in Trier
liefert. Große Glasfenster spendeten hinreichend Licht im Innern. Das Bauwerk
war mit vergoldeten Dachschindeln bedeckt, die vermutlich Papst Honorius
im 7. Jh. für die Dachdeckung von S. Peter wiederverwendete. Konstantin,
Maxentius' Nachfolger, verlieh dem Gebäude neue Akzente, indem er den
Eingang auf die südliche Langseite und damit zur Via Sacra verlegte (Abb. 75 a
[7]). Gegenüber auf der Nordseite ließ er eine neue Apsis im mittleren Raum

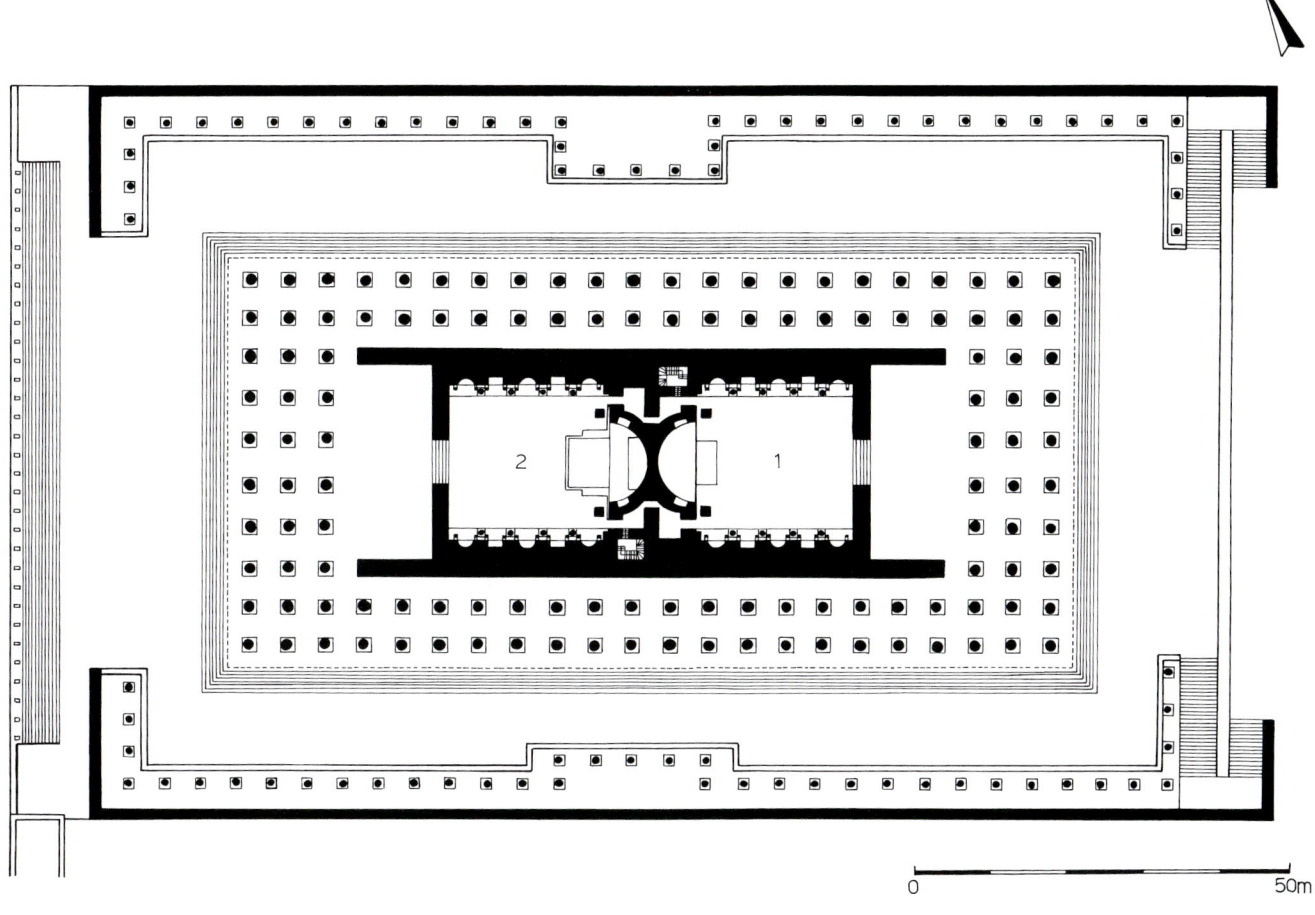

Abb. 77   Tempel der Venus und Roma, Phase des späten 3. Jhs. n. Chr.; schematischer Grundriss.
1: Cella der Venus; 2: Cella der Roma.

einbauen (Abb. 75 a [6]). In der alten Apsis stand nun eine kolossale Sitzstatue des neuen Herrschers. Nach jüngsten Untersuchungen verlief entlang der Südseite eine Portikus, die im Zentrum ein Propylon mit vier Säulen aus rotem Porphyr besaß (Abb. 75 a [7]).

Das umfangreiche Bauprogramm im Bereich der Velia sollte vor allem Bezüge zu altrömischen Traditionen der Stadt herstellen. Die *gens Valeria*, der Maxentius angehörte, war mit der *gens Valerii Publicolae* eng verbunden, dessen berühmtestes Mitglied, P. Valerius Publicus, Gründer der Republik war. Sein Haus soll an der Stelle gestanden haben, auf der sich heute die Westapsis der Basilika befindet.

Abb. 78a *Tempel der Venus und Roma.*
Cella der Venus (Ostseite).

Der „Tempel des Romulus"

Der als „Tempel des Romulus" bezeichnete Rundbau östlich der Basilika wird Kaiser Maxentius zugeschrieben. Vor dem Zylinder öffnet sich seine reich geschmückte Fassade zur Via Sacra (Abb. 76; vgl. Abb. 1 [42]. 13 [2]). Das Eingangsportal liegt im Zentrum einer Exedra, die von zwei später zugemauerten Nischen flankiert wird. Auf beiden Seiten schließen apsidale Räume an. Ursprünglich war der aus Ziegelsteinen bestehende Bau gänzlich mit Marmor verkleidet. An der Fassade sind zahlreiche wiederverwendete Bauglieder erhalten. Die Bronzetür ist original. Als Türlaibungen verwendete man einen Architrav aus dem 2. Jh. n. Chr. Auf kleinen Piedestalen aus Travertin ragen Säulen aus rotem Porphyr auf, die von korinthischen Kapitellen aus domitianischer Zeit bekrönt sind. Die Verdachung über dem Türsturz zeigt einen qualitätvollen Rankenfries aus neronischer Zeit. Säulen aus Cipollin, die auf hohen Piedestalen aus lunensischem Marmor aufragen, rahmen die Portale der Seitenräume. Aus dem frühen 3. Jh. n. Chr. stammen das korinthische Kapitell und der Architrav. Die für die Spätantike charakteristische Spolienverwendung gibt nicht nur die Wertschätzung antiker Bauglieder kund, sondern sie erinnert auch an

Abb. 78b Tempel der Venus und Roma. Cella der Roma (Westseite).

die römische Tradition. Die Deutung des Gebäudes als der „Tempel des Romulus", des früh verstorbenen Sohnes des Maxentius, ist heute nicht mehr haltbar. Ebenso wenig fundiert ist die Annahme, in dem Bauwerk den Tempel des Iuppiter Stator zu sehen. Bei dem Rundbau handelt es sich um ein aufwendiges Vestibül, das zusammen mit der Fassade Bestandteil des Stadttempels von Rom war (s. o. S. 23 Abb. 13). Der Zylinder und die parallel zur Via Sacra vorgesetzte Fassade gleichen in raffinierter Weise die zur Straße schräge Ausrichtung der Cella aus. Der Stadttempel hatte im späten 3. Jh. noch eine hohe Bedeutung, wie die enorm aufwendig gestaltete Spolienfassade bezeugt. In den Jahren zwischen 526 und 530 ließ Papst Felix IV. einen der wichtigsten Kultbauten Roms in die Kirche SS. Cosma e Damiano umbauen.

Der Tempel der Venus und Roma

Im Kontext des Bauprogramms des Maxentius sind auch die Umbauten am Tempel der Venus und Roma zu sehen, der zwischen der Basilika des Maxentius und dem Tal des Kolosseums auf einem künstlichen Podium von 145 m x 100 m Größe liegt. Das Bauwerk wurde während der Herrschaft des Kaisers Hadrian errichtet und 135 n. Chr. eingeweiht. An dem Bau der ersten Phase war Kaiser Hadrian selbst beteiligt. Laut dem Bericht von Cassius Dio (Cass. Dio 69, 4) soll Apollodor, der Meisterarchitekt des Kaisers Trajan, die Entwürfe Hadrians kritisiert haben, der ihn daraufhin hinrichten ließ. An der Stelle des Tempels stand früher das Atrium der neronischen Domus Aurea mit der bronzenen Kolossalstatue Neros, die später bei dem Bau des Tempels näher an das Kolosseum versetzt werden musste. Für den Transport der 35 m hohen Statue, dessen Kopf in vespasianischer Zeit zu dem Sonnengott Helios umgearbeitet wurde, benötigte man 24 Elefanten.

Der Tempel bestand aus zwei sich in entgegengesetzten Richtungen öffnenden Cellae, deren Rückwände aneinander grenzten (Abb. 77). War die nach Osten zum Kolosseum ausgerichtete Cella Venus geweiht (Abb. 77 [1]. 78 a), so galt die zum Forum Romanum gewandte Seite der Roma (Abb. 77 [2]. 78 b). Die Cellae des hadrianischen Bauwerks hatten nur eine flache Balkendecke ohne Apsiden. Erst während der Herrschaft des Maxentius erhielten sie Apsiden und ein Tonnengewölbe. Nur die Cella der Roma ist dank ihres Einbaus in das Kloster S. Francesca Romana erhalten. Monumentale Porphyrsäulen gliederten die Wände im Innern und flankierten die Apsis, in der noch die Basis für

Abb. 79 „Portikus der einträchtigen Götter".

das Kultbild der Göttin steht. An den Wänden verlaufen kleine Ädikulen, deren Porphyrsäulen auf Konsolen aufragen. In Übereinstimmung mit der Basilika des Maxentius sind die Böden mit buntem Marmor verziert und die Kassetten an der Decke mit Stuck versehen. Ein doppelter Kranz von 22 x 10 Säulen umringt beide Cellae, wobei an den Schmalseiten gleich drei Säulen-Reihen aufragen. An den Langseiten des Podiums verläuft eine Säulenreihe, in deren Mitte ein Propylon Eingang gewährte. Im Bereich der ehemaligen Ostcella liegen zahlreiche ornamentierte Bauglieder aus Marmor, die alle aus hadrianischer Zeit stammen. Die Übereinstimmung der äußerst qualitätvollen Ausführung mit dem Baudekor des Pantheon legt die Vermutung nahe, dass an beiden Gebäuden die gleichen Werkstätten von Steinmetzen arbeiteten. Nicht nur die Qualität, sondern auch das einheitliche Typenrepertoire und die uniforme plastische Gestaltung lassen auf eine in Rom lang ansässige Werkstatt schließen, deren Tradition bis in das 1. Jh. n. Chr. zurückreicht.

Römische Traditionen und Papsttum

Die Restaurierung der Standbilder aller Gottheiten und vor allem die umfangreiche Wiederherstellung der „Portikus der einträchtigen Götter" im Jahr 367 (Abb. 79; vgl. Abb. 1 [33]) demonstrieren nicht nur die Wertschätzung antiker Bauten und deren Bildwerke, sondern auch die Bewahrung altrömischer Traditionen. Dieser Aspekt tritt bei Maxentius nicht nur in seinem Bauprogramm, sondern auch in der Aufstellung von Bildwerken zutage, die an die Gründungszeit Roms erinnern. So ließ der Kaiser das Grabmal des Romulus erneuern und vor der Curia in der Nähe des Denkmals der römischen Wölfin ein eigenes Bildnis zusammen mit einer Statuengruppe anbringen, die Romulus und Remus mit ihrem Vater Mars zeigte. Die Bilder in diesem Aufstellungskontext weisen Maxentius als einen neuen Stadtgründer aus und stellen ihn in die Tradition der Gründungsheroen von Rom.

Die Bauwerke und deren Ausstattung mit Bildwerken bestanden auf dem Forum Romanum bis in das 7. Jh. ungebrochen fort. In dieser Zeit erstarkte eine neue Macht, das Papsttum. Sichtbar werden die neuen Machtverhältnisse in der Umwandlung von antiken Bauwerken in Kirchen auf dem Forum Romanum. So wurden die Kirchen S. Maria in Cannapara in der Basilica Iulia, S. Adriano in der Curia, S. Salvatore de Statera in dem Tempel des Saturn, S. Maria in Miranda in dem Tempel des Antoninus Pius und der Faustina, SS. Cosma e Damiano im Templum Urbis Romae sowie S. Maria Antiqua in einem antiken Bauwerk auf der Südseite des Forums errichtet. Auf diese Weise verschaffte man dem neuen Glauben und der neuen Macht mehr Geltung, insbesondere bei jenen traditionellen Gebäuden, die für die alteingesessene römische Senatsaristokratie von identitätsstiftender Bedeutung waren.

Mittelalter und Neuzeit: Der Weg von der Vergessenheit zur Wiedererinnerung

Spätestens im 8. Jh. verlieren die antiken Bauwerke auf dem Forum Romanum ihre frühere Funktion und werden nun anderweitig genutzt. Im nordwestlichen Bereich der Basilica Iulia wurden zwei Kalköfen mit Läden und Handwerksbetrieben installiert. Von der nun landwirtschaftlichen Nutzung des Geländes zeugen Ställe und Hütten, die aus dem Steinmaterial der antiken Gebäude errichtet wurden. In dieser Zeit geriet das einstige Zentrum der *urbs* in Vergessenheit. Im 12. Jh. entstanden in der östlichen Hälfte des Forums Befestigungsbauten der Familie der Frangipani, wobei auch der Titusbogen in die Anlagen miteinbezogen wurde. Erst in der Renaissance erwachte das Interesse an den Antiken und den Monumenten auf dem Forum Romanum. In dieser Zeit wurden die ersten Werke zur Topographie des antiken Rom verfasst. Gleichzeitig setzte aber eine starke Zerstörung der antiken Bauwerke ein, die als „Steinbruch" das Material für die von der Kirche in Auftrag gegebenen Neubauten lieferten. Der Marmor, welcher der Bauwut der Kardinäle und Päpste nicht zum Opfer fiel, kam in die Kalköfen, in denen Marmor zu Kalk gebrannt wurde. Da die Nachfrage nach Kalk als Baumaterial im frühen Mittelalter hoch war, betrieben die Kalkbrenner ein gewinnbringendes Geschäft. Bei manchen Gelegenheiten erhielt das Forum Romanum sogar wieder seine alte Bestimmung als städtische Bühne für Prozessionen. Während der Umzüge des Papstes von S. Peter zum Lateran führte der Weg über das Gelände des Forums. Als Kaiser Karl V. in Rom einzog, hatte man eine Triumphstraße, eine neue Via Sacra, angelegt, die in gerader Linie vom Titusbogen bis zum Triumphbogen des Septimius Severus führte.

Nachwort

Die Grabungen auf dem Forum Romanum: Gewinne und Verluste für die Kenntnis der Denkmäler

Im 19. und 20. Jh. wurde das Forum Romanum zum Objekt großflächiger Ausgrabungen, welche die vergessenen Monumente und damit die Geschichte des antiken Rom wieder in Erinnerung brachten. Dabei richtete sich das Interesse zunächst auf die Bauwerke. Im Jahr 1803 begann Fea den Bogen des Septimius Severus freizulegen. Sein Werk setzten französische Architekten und Archäologen fort, welche die Tempelbauten des Saturn, des Vespasian, der Dioskuren und der Concordia zu Tage brachten (vor 1836). Ab 1870 wurde systematisch das Forum freigelegt, zunächst nur die spätantiken Schichten aus dem 4. und 5. Jh. abgetragen. Im Jahr 1898 begann Boni mit seinen Ausgrabungen, die dem Comitium, der Basilica Aemilia, dem archaischen Friedhof, dem Tempel der Vesta und dem Lacus Iuturnae galten. In der Zeit des Nationalismus und des Faschismus beschränkte sich das Interesse vor allem auf die Monumente aus der Königszeit. Die oft ohne Beachtung der Stratigraphie durchgeführten Flächengrabungen, die mangelnde Dokumentation und das Desinteresse an Kleinfunden führten zu einem enormen Informationsverlust über die Monumente. Erst die in jüngster Zeit durchgeführten stratigraphischen Grabungen und der Einsatz von hochtechnisierten Messgeräten und Computern erlauben eine genauere und präzisere Dokumentation der Befunde. Diese Arbeiten sind aber nur die Voraussetzung für die eigentliche Aufgabe in den historischen Disziplinen: Die archäologische Auswertung der Monumente und Objekte im historischen Kontext. Erst diese ermöglicht Schritt für Schritt eine Rekonstruktion der Denkmäler und darauf basierend eine Vorstellung von dem täglichen Leben und Treiben auf dem Forum Romanum, das auf diese Weise zum Spiegel der Stadtgeschichte von Rom wird. Das Ruinengelände steht aber nicht nur im Interesse der Wissenschaftler, sondern auch des internationalen Tourismus. Reisegruppen aus aller Welt besuchen täglich das Forum und machen es damit zu einem Ort des Massentourismus. Wenn auch unter gänzlich anderen Bedingungen als in der Antike, so wurde doch das Forum Romanum nach einer langen Periode der Vergessenheit wieder Ort des kollektiven Gedächtnisses.

Appendix:
Zur sakralen Topographie auf dem Forum Romanum in republikanischer Zeit

Einleitung

Die sakrale Topographie auf dem Forum Romanum und dem Gebiet der späteren Kaiserfora ist das Ergebnis eines langen historischen Prozesses, dessen Anfänge bis zur Gründungsgeschichte Roms zurückreichen. Dieser Prozess spiegelt sich in der materiellen Hinterlassenschaft der Tempelbauten und deren heilige Bezirke wieder, von denen bis heute Spuren erhalten sind, die weit vor der Kaiserzeit zurückliegen. Das Augenmerk der archäologischen Forschung richtete sich aber vor allem auf die marmornen Bauten aus der Kaiserzeit, deren guter Erhaltungszustand genauere Untersuchungen lohnenswert machten. Die marmorne Pracht des kaiserzeitlichen Roms wurde schon in der Antike bewundert. So berichtet Sueton in der Vita des Augustus, dass dieser Rom in solchem Maße verschönerte, dass er sich mit Recht rühmen durfte, an Stelle der Stadt aus Backsteinen, die er übernommen hatte, eine aus Marmor zu hinterlassen (Suet. Aug. 28). Diese suggestive Aussage findet ihren Widerhall in den marmornen Prachtbauten auf dem Forum Romanum und den Kaiserfora. War deren monumentales Erscheinungsbild bis zur Mitte des 20. Jahrhunderts Gegenstand zahlreicher Untersuchungen, die vorwiegend deren Formen und Rekonstruktionen galten, so richtete sich das Interesse der Archäologen vor allem in den 70er und 80er Jahren primär auf die „politische Botschaft" dieser Monumente. Diese Forschungsrichtung kulminierte in einer regelrechten Begeisterung für das augusteische Zeitalter, die ganz auf die Person des Kaisers Augustus zugeschnitten war und dabei das Augenmerk auf die materielle Hinterlassenschaft des archaischen und republikanischen Roms in den Hintergrund treten ließ. Es manifestierte sich dabei das Bild eines von Augustus neu erschaffenen Roms, das die älteren Substrate nahezu ausblendete.
Eine Beantwortung der Frage zur Entstehung der sakralen Topographie des antiken Roms wird durch den ungenügend archäologischen Forschungsstand erschwert. Noch gravierender aber sind die urbanistischen Eingriffe und Änderungen in der Neuzeit, insbesondere in der Zeit des Faschismus. In dieser Epoche wurden das Kapitol, das Forum Romanum und die Kaiserfora von den umliegenden Bauten gänzlich befreit und durch neue Straßen wie die Via dei fori imperiali voneinander getrennt und als eigene isolierte Denkmäler

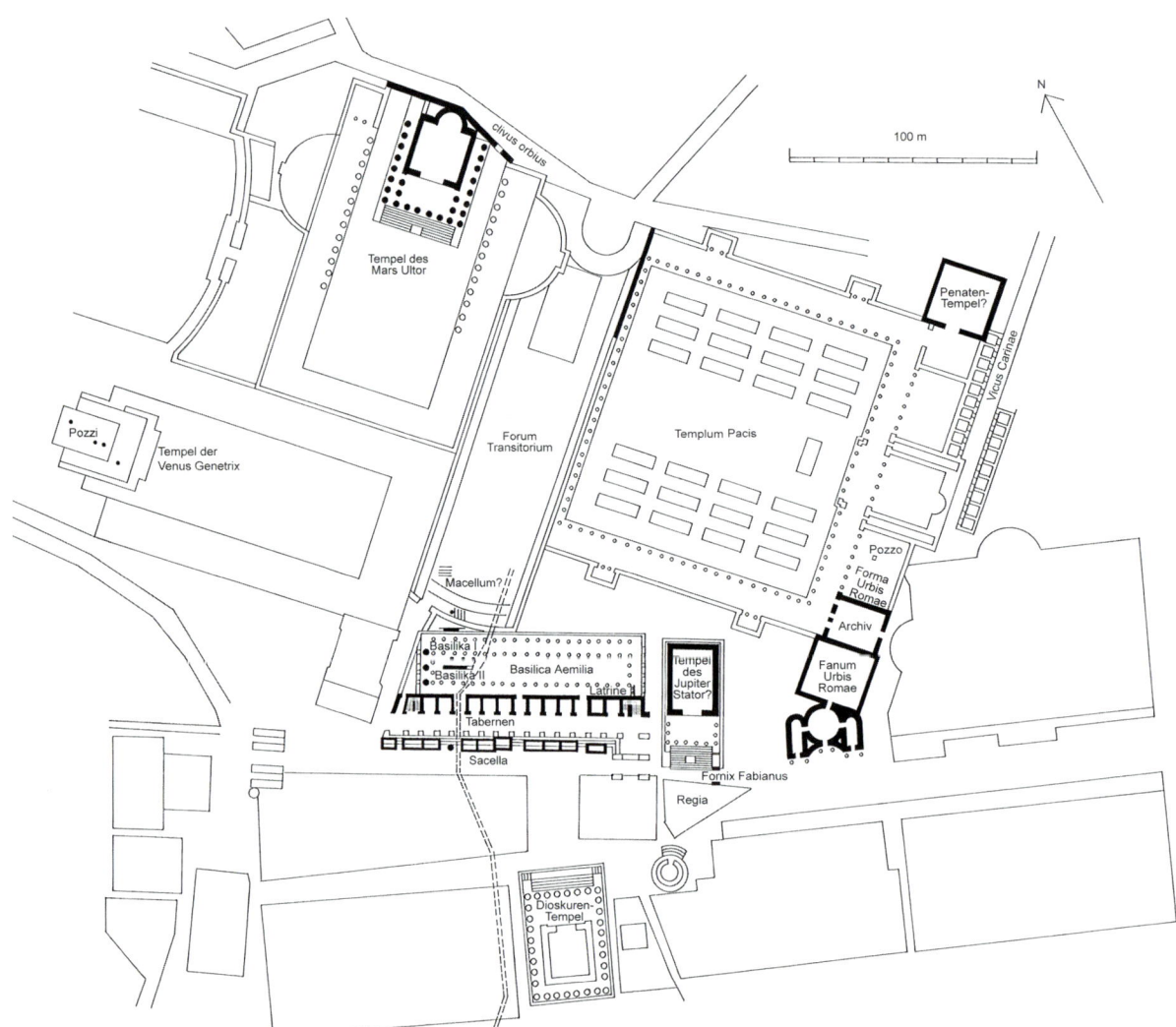

*Abb. 80 Rom, Forum Romanum
und Kaiserfora. M 1:1000.*

präsentiert. Auf diese Weise ging der topographische Zusammenhang der Ge-
biete verloren, die in der Antike eng miteinander verzahnt waren.

Als Rom im 2. Jh. v. Chr. zur Hegemonialmacht in der Mittelmeerwelt auf-
stieg, war das Zentrum aber schon dicht mit monumentalen Repräsentations-
gebäuden und öffentlichen Platzanlagen bebaut, in dem sich Neubauten nur
durch Aufgabe und /oder Wiederverwendung älterer Baustrukturen realisieren
ließen. Angesichts dieser Situation stellt sich in der zukünftigen archäologischen Forschung die Aufgabe, nach Spuren vorkaiserzeitlicher Sakralbauten
Ausschau zu halten und diese auf die Frage hin zu analysieren, in welcher
Weise die älteren Heiligtümer in der Kaiserzeit weiter genutzt wurden. Als

archäologische Zeugnisse für dieses Vorhaben bieten sich der Tempel des Antoninus Pius und der Faustina sowie der „Tempel des Romulus" auf dem Forum Romanum an.

Der Tempel des Antoninus Pius und der Faustina

Unweit der Ostseite der Basilica Aemilia befindet sich ein monumentaler Sakralbau, der durch die Weihinschrift auf dem Architrav und dem Fries der Vorhalle als Tempel des Antoninus Pius und der Faustina zu identifizieren ist: DIVO ANTONINO ET DIVAE FAVSTINAE EX S C (Abb. 13 Nr. 4; 14a.b; 80). Dessen ungewöhnliche Größe und exponierte Lage gegenüber der Regia und vor dem Eingang der Via Sacra in das zentrale Forumsareal werfen die berechtigte Frage auf, ob an dieser prominenten Stelle nicht schon ein Vorgängerbau stand. Indizien für diese Annahme liefern die Bauweise und das Material wie die in der Kirche San Lorenzo in Miranda verbaute Cella aus Peperinquadern (Abb. 14a), das Fundament aus Travertinplatten und die Plinthen aus Travertin unter der marmornen Säulenstellung des Pronaos (14b). Allem Anschein nach gehören all diese Bauelemente zu einem entschieden älteren Bauwerk, das in den Neubau inkorporiert wurde. Erst bei seiner neuen Bestimmung als Kultstätte für das vergöttlichte Kaiserpaar wurde der Sakralbau mit einem neuen Pronaos aus Marmor aufgewertet, wobei auf den Plinthen des älteren Bauwerks nun größere Plinthen aus Marmor der neuen Säulenordnung aufgelegt wurden (Abb. 14b).

Der ältere Kultbau kann zwar nicht exakt datiert werden, aber die großen Quaderblöcke aus Peperin legen eine Chronologie zwischen der Mitte des 2. und dem frühen 1. Jh. v. Chr. nahe. Ein ähnliches Mauerwerk aus Peperin ist an der Fassade des Tabulariums feststellbar, das nach einem Brand im Jahr 83 v. Chr. wiederhergestellt wurde (Abb. 32). Die besondere Lage und die enormen Dimensionen des Tempels auf dem Forum Romanum lassen auf einen bedeutenden Kultbau schließen, dessen ursprüngliche Gottheit sich mit Hilfe der schriftlichen Überlieferung bestimmen lässt. Die bereits genannten Zeugnisse, der Katalog der Regionen und eine Weihinschrift von Liktoren, die nahe beim „Tempel des Romulus" (Abb. 13 Nr. 1a; 76. 80) gefunden wurde, legen nahe, dass der Vorgängerbau des Tempels des Antoninus Pius und der Faustina dem Iuppiter Stator geweiht war.

Die topographische und funktionale Verbindung dieses Kultbaus mit der Regia, der Domus Regis und dem Tempel der Vesta wird durch die Angaben antiker Autoren bestätigt. Ein aufschlussreiches Zeugnis liefert die Beschreibung des Forum Romanum bei Ovid in den Tristia (Ov. trist. 3, 1.). In dem Werk zählt der antike Poet die Via Sacra, den Vestatempel (Abb. 55), die Regia (Abb. 12), die Porta Mugonia und den Tempel des Iuppiter Stator auf. Die gleichen Bauwerke überliefert Tacitus in umgekehrter Reihenfolge, der den Tempel des

Iuppiter Stator, Numas Königsburg und das Heiligtum der Vesta in einem Zug nennt (Tac. ann. 15, 41). In Übereinstimmung mit dieser Nachricht stehen auch die Angaben der antiken Autoren Livius (Liv. 1, 41, 4) und Plinius (Plin. nat. 34, 29), die beide den Tempel des Iuppiter Stator gegenüber der Domus Regis lokalisieren. Nach den vier übereinstimmenden topographischen Beschreibungen kann der Tempel dieses Gottes nur der Stelle auf dem Forum Romanum zugeschrieben werden, an der heute der Sakralbau des Antoninus Pius und der Faustina steht. Diesem Ergebnis widerspricht auch nicht der archäologische Befund, aus dem sich zwei Bauphasen des Gebäudes ableiten lassen. Nach ihrer Divinisierung wurden Faustina und Antoninus Pius als neue Gottheiten in den Tempel aufgenommen, wobei aber der von Romulus gegründete Kult des Iuppiter Stator fortgesetzt wurde. Vermutlich erhielt neben diesem Gott auch dessen Paredra, Iuno Regina, kultische Verehrung. Der Kult des neu hinzugekommenen Götterpaars stand nun in unmittelbarer Beziehung zur Gründungsgeschichte Roms. Diesem Vorgang lag die Absicht zugrunde, an die alte Tradition anzuknüpfen. Der Tempel des Iuppiter Stator, die Regia und das Heiligtum der Vesta liegen auf der zentralen Nord-Süd-Achse des Forum Romanum und bilden damit eine räumliche und kultische Einheit, die für das religiöse Leben der Stadt von höchster Bedeutung war.

Fornix Fabianus

Eine genauere Datierung des Tempels des Iuppiter Stator ergibt sich aus der Untersuchung der mit diesem Gebäude verbundenen Bauwerke. Einen Anhaltspunkt dafür liefert der Fornix Fabianus, den Quintus Fabius Maximus nach seinem Sieg über die Allobroger im Jahr 121 v. Chr. errichten ließ (Abb. 13 Nr. 5; 80). Das Bauwerk ist der älteste bekannte Triumphbogen auf dem Forum Romanum, der von dem Enkel des Erbauers 56 v. Chr. restauriert wurde. Bis heute ist der Standort dieses Monuments nicht gesichert. Nach Aussage der Kommentatoren der Schriften des Cicero, Horatius und Persius stand der Bogen unweit des Vestatempels, der Regia und des Puteal Libonis. Aufschlussreicher ist eine Angabe von Cicero, nach der man den Fabierbogen passieren musste, wenn man zum Forum auf der Via Sacra hinabstieg (Cic. De orat. II 66, 267). Da der Bogen laut diesem Zeugnis die Via Sacra überspannte, konnte er nicht südlich des Tempels des Divus Iulius gestanden haben, wie einige Forscher früher glaubten. In der Historia Augusta wird die Via Sacra als Standort des Fornix Fabianus bezeugt (SHA Gall. 19,4). Der Passus bezieht sich auf die Aufstellung einer Statue des Saloninus „in pede montis Romulei", wobei der lateinische Wortlaut zweifellos als „Fuß des Palatins" zu identifizieren ist. Letztere Ortsangabe ist aber nicht mit dem Nordhang des Palatins zu identifizieren, zumal dieser von der Via Sacra nahezu 100 m entfernt liegt. Mit großer Wahrscheinlichkeit galt in der Antike das unmittelbar östlich des

Tempels des Antoninus Pius und der Faustina ansteigende Gelände als der Fuß des Palatins. Vor diesem Hintergrund gibt die Nachricht in der Historia Augusta den topographischen Sachverhalt korrekt wieder. Diesem zufolge bildete der Fornix Fabianus den östlichen Zugang zur Via Sacra und war zugleich das Portal zum Palatin. Aus diesem Grund wird der Bogen von Ovid als „Thor des Palatiums" bezeichnet (Ov. trist. 3,1 Zeile 31). Nahezu alle Fragmente der Weihinschrift des Bogens aus dem Jahr 56 v. Chr. und der Elogien fanden sich vor der Vorhalle des Tempels des Antoninus Pius und der Faustina, wofür die Angaben zahlreicher Architekten und Autoren aus dem 16. Jh. Zeugnisse liefern. Es ist sehr wahrscheinlich, dass der Fornix Fabianus die alte Porta Mugonia ersetzte, die sich nach der Überlieferung antiker Autoren neben dem Tempel des Iuppiter Stator befand (Liv. 1, 41, 4; SHA Gall. 19,14; Ov. trist. 3,1). Nach Aussage von Dionysios von Halikarnassos war das Tor mit diesem Sakralbau verbunden (Dion. Hal. 2.50.3). Ein entsprechender Sachverhalt galt für den Fornix Fabianus, der allem Anschein nach auf der Höhe der Ostante des Tempels aufragte (Abb. 13 Nr. 5; 80). Die Verbindung beider Monumente bezeugen auch die Mirabilia Romae 24,5: templum Minervae cum arcum coniunctum est ei, nunc autem vocatur S. Laurentius de mirandi. Aus den Angaben lassen sich mehrere Befunde konstatieren: Die Bezeichnung S. Laurentius de mirandi identifiziert unmissverständlich das Bauwerk als den Tempel des Antoninus Pius und der Faustina und damit verbunden auch als den Tempel des Iuppiter Stator, auch wenn der Text den Kultbau fälschlich als templum Minervae bezeichnet. Zur Zeit der Abfassung der Mirabilia stand der Bogen wohl noch an Ort und Stelle. Die Zusammengehörigkeit beider Monumente postuliert deren nahezu zeitgleiche Erbauungszeit. Da der originale Fornix Fabianus 121 v. Chr. eingeweiht wurde, liegt es nahe, dass auch der Tempel des Iuppiter Stator in diesem Zeitraum errichtet wurde. Mit Sicherheit hatte der traditionelle Kultbau, dessen Ursprünge nach der mythologischen Überlieferung bis in den Beginn der Königszeit zurückreichen, einen oder mehrere Vorgängerbauten. Vermutlich waren diese aber entschieden kleiner als der monumentale Tempel aus dem späten 2. Jh. v. Chr., der zu den größten Sakralbauten Roms zählt. Im Kontext des Triumphes über die Allobroger wollte man dem Iuppiter Stator, der ja ein Kriegsgott war, einen neuen Tempel weihen, der in der Größe alle Vorgängerbauten in den Schatten stellte. Ein ähnlicher Vorgang vollzog sich auf dem Marsfeld nur etwa zwei Jahrzehnte früher, als Q. Caecilius Metellus gegen 143 v. Chr. nach seinen Kriegen in Makedonien und Griechenland den Tempel des Iuppiter Stator und die Portiken errichten ließ. Das Ensemble mit dem Neubau des Iuppiter Stator und dem Fornix Fabianus erinnerte nicht nur an den aktuellen Sieg über die Allobroger, sondern bezog sich auch auf Romulus, den Gründer und ersten Triumphator Roms, der laut der Schriften antiker Autoren an der Porta Mugonia den Tempel des Iuppiter Stator errichten ließ (Liv. 1.12.3, 8; 1.12.6; Plut. Rom.18.).

Der „Tempel des Romulus"

Östllich des Tempels des Iuppiter Stator lag ein weiterer ranghoher Kultbau. Das als "Tempel des Romulus" bezeichnete Bauwerk, in dem sich heute die Kirche SS. Cosma e Damiano befindet, konnte als das Templum Urbis Romae identifiziert werden (Abb. 13 Nr. 1a-c; 76.80). Von dem Bauwerk hinter dem „Tempel des Romulus", das bis heute als die Bibliothek des Templum Pacis gilt, sind zwei von Norden nach Süden parallel verlaufende Mauern aus Aniene-Tuff in Höhe von 17 m erhalten, die sich in der Form und dem Material von der Ziegelmauer des Templum Pacis diametral unterscheiden. Quader aus Aniene-Tuff sind in annähernd gleich hohen Lagen aufeinandergeschichtet, wobei die Blöcke unterschiedlich lang und nicht im Wechsel von Bindern und Läufern angeordnet sind. Auf der Ostseite befindet sich ein Eingang, dessen Leibungen aus Travertinquadern bestehen, der Türbogen weist Keilsteine aus Travertin auf. Die westliche Längsseite verfügte über drei Portale, die wahrscheinlich zu bestimmten Raumabteilungen in das Tempelarchiv führten. Das erste, von der Nordwestecke des Bauwerks gezählte Portal ist von einem bogenförmigen Fenster bekrönt, das sekundär mit Tuffsteinen verschlossen wurde. Darüber verläuft eine Mauer aus Peperin. Diese altertümliche Bauweise steht in scharfem Kontrast zu den Wänden des Templum Pacis, die samt und sonders aus Ziegelmauern bestehen. Nach der Bauweise und dem Material zu urteilen, insbesondere dem Tuff, sind die Längsseiten spätrepublikanisch, vermutlich in das späte 2. oder frühe 1. Jh. v. Chr., zu datieren und gehören damit einem entschieden älteren Bauwerk an als dem Templum Pacis.

Für die Deutung und Lokalisierung des Bauwerks ist der während der Amtszeit des Papstes Felix IV. (526-530) entstandene Liber Pontificalis von entscheidender Aussagekraft. Den Angaben zufolge ließ dieser Papst die Basilika der Heiligen Cosmas und Damianus in Rom an dem Ort errichten, der Via Sacra genannt wird, neben dem Tempel der Stadt Rom. Aus dem Bericht des spätantiken Historiographen Aurelius Victor geht hervor, dass der Kaiser Maxentius eine Basilika und das Urbis fanum errichten ließ (Aur. Vict. Caes. 40, 26). Diesen Sachverhalt bestätigt ein Passus in dem ersten Buch der Chronik (354). Zunächst stehen diese Angaben in einem scheinbaren Widerspruch zu der spätrepublikanischen Datierung nach dem architektonischen Befund. Vergegenwärtigt man sich aber, dass der „Tempel des Romulus" nichts anderes war als die Eingangshalle des Urbis fanum, so löst sich der Widerspruch auf (Abb. 13 Nr. 1a; 76.80). Es war der Kaiser Maxentius, der nach Ausweis der Ziegelstempel den Rundbau neu errichten und diesen an der Front zur Via Sacra mit einer prächtigen Spolienfassade ausstatten ließ. Vermutlich hatte ein Brand den Vorgängerbau des Pronaos so stark beschädigt, dass er vollständig erneuert werden musste. Wahrscheinlich hatte schon der ältere Bau die Form eines Zylinders, der als Scharnier zwischen der orthogonal zur Via Sacra ausgerich-

Abb. 81 Rom, Augustusforum, Bezirksmauer mit Tempel des Mars Ultor. Fotomontage: H. Behrens.

teten Eingangsfront und der dazu schräg positionierten Cella fungiert. Hinter dem Pronaos lag die Cella des Templum Urbis Romae, in dem sich heute die Kirche auf einem entschieden höheren Niveau befindet. Die großen Eingänge an den Längsseiten schließen eine Zugehörigkeit dieses Traktes zur Cella aus. Hinter dieser verjüngt sich der rückwärtige Teil des Gebäudes (Abb. 13 Nr. 1c; 80). Mit großer Wahrscheinlichkeit war dieser Trakt das Tempelarchiv mit dem nahe gelegenen Sitz der Stadtpraefektur, an dessen Rückseite einst der berühmte marmorne Stadtplan, die Forma urbis Romae, angebracht war. Kein Bau in Rom eignete sich besser als Träger für den marmornen Stadtplan als das Templum Urbis Romae.

Der Tempel der Penaten

Da sich der „Tempel des Romulus" und der nordwärts anschließende Trakt als Templum Urbis Romae identifizieren ließen, kann es sich bei diesem Bauwerk nicht um den Tempel der Penaten handeln, wie mehrfach von Altertumsforschern behauptet wurde. Dieser traditionsreiche, eng mit der Gründungsgeschichte Roms verbundene Kultbau wird in der von Varro überlieferten Liste der sacraria der Argeier aufgeführt: Veliense: sexticeps in Velia apud aedem deum Penatium (Varro ling. 5,54). Laut diesem Zeugnis befand sich der Tempel auf der Velia, womit eine Lokalisierung des Gebäudes auf dem heutigen Gebiet des Forum Romanum ausgeschlossen ist. Die wichtigste Ortsangabe zu dem Tempel liefert Dionysios von Halikarnassos, dessen detaillierte Beschreibung ernst zu nehmen ist und nicht als eine Erfindung des Autors abgetan werden darf (Dion. Hal. 1,68,1-2). Dem Passus zufolge ist der schmale Weg zwischen dem „Tempel des Romulus" und der Maxentiusbasilika gemeint, der nach Norden zu den Carinae am Westhang der Velia führt. Unklar bleibt dabei, wie weit sich die Carinae nach Norden erstreckten. In diesem Bereich lokalisieren einige Forscher zu Recht den Tempel der Penaten. Es wurde sogar behauptet, dass dieser Kultbau auf dem Territorium der späteren Basilica des Maxentius (Abb. 74; 75a.b) gestanden und deren Errichtung die Aufgabe und Zerstörung des Sakralbaus verursacht hätte. Im historischen Kontext ist diese Interpretation aber nicht haltbar. Der Kaiser Maxentius, ein Vertreter der altrömischen Senatsaristokratie, hätte niemals die Aufgabe dieses traditionsreichen Kultbaus gebilligt. Im Gegenteil, der Regent war darauf bedacht, berühmte Kultbauten wie das Templum Urbis Romae oder den Tempel der Venus und Roma (Abb. 77; 78a.b) mit großem Aufwand wieder herzustellen. Aufgrund dieser Gegebenheiten ist der Standort des Tempels wohl weiter nördlich anzunehmen. Es ist denkbar, dass sich der Sakralbau nahe der Nordostecke des Templum Pacis, im heutigen Bereich des Largo Ricci, befand (Abb. 13 Nr. 3; 80). Diese Lokalisierung steht nicht im Widerspruch zu den Angaben Dionysios' und zudem würde in dieser Position der Tempel der Penaten ein äquivalentes Pendant zu dem in der Südostecke des Templum Pacis gelegenen Urbis fanum bilden.

Die alten Kultbezirke nördlich des Forum Romanum

Erweist sich diese Lokalisierung als korrekt, dann bildeten beide Sakralbauten zusammen mit dem Tempel der Pax auf dem Templum Pacis eine Kultachse

Abb. 82 Rom, Templum Pacis, nordwestliche Umfassungsmauer, Westseite, zum Forum Transitorium gerichtet.

(Abb. 13 Nr. 1a-c; 2; 3; 80). Dabei stellt sich die prekäre Frage, weshalb Pax bis zum Bau des Templum Pacis in vespasianischer Zeit (um 70 n. Chr.) keinen eigenen Tempel hatte. Da das Templum Urbis Romae und der Penatentempel entschieden ältere Kultbauten waren, gilt zu überdenken, ob nicht schon vor dem Bau des Templum Pacis in flavischer Zeit ein viel älterer Kultbezirk existierte, in dem Pax einen eigenen Tempel besaß. Mit großer Wahrscheinlichkeit baute Vespasian das Templum Pacis nach der Eroberung von Jerusalem unter Einbeziehung der traditionellen Kultbauten luxuriös aus und propagierte damit eine neue Friedenspolitik nach Beendigung des jüdischen Krieges.

Die große Mauer aus Peperinquadern, die um die Nordseite des Augustusforums und entlang der südöstlichen Längsseite des Forum Transitorium verläuft und schließlich auch zum Templum Pacis führte (Abb. 80-82), war die Umfassungsmauer der alten Bezirke nördlich des Forum Romanum, die zudem auch als Schutz- und Brandmauer diente. Aller Wahrscheinlichkeit nach war der Vorgängerkomplex des Augustusforums in republikanischer Zeit ein Heiligtum des Mars, das Augustus durch den Neubau des Mars-Ultor-Tempels zu seiner Sache machte (Abb. 81). Das älteste bekannte Beispiel für diesen Vorgang liefert das Caesarforum, das Caesar vermutlich auf einem zum Teil sakralen Terrain errichten ließ und den neu erbauten Tempel Venus Genetrix, der Ahnherrin des jülischen Hauses, weihte. Die bis heute erhaltene Mauer aus Peperin, die das Templum Pacis von dem Forum Transitorium trennt, ist auf der zur letzteren Anlage ausgerichteten Seite mit einer verkröpften Säulenstellung aus lunensischem Marmor versehen, die erst in domitianischer Zeit an die entschieden ältere Mauer angebracht wurde (Abb. 82). Einen Anhaltspunkt dafür liefert das Pilasterkapitell an der "Colonnacce", das wie die marmornen Pilasterkapitelle am Tempel des Antoninus Pius und der Faustina erst nachträglich in die Tuffwand eingefügt wurde, indem man die Quader abarbeitete, um das Kapitell am Bau anzubringen. All diese Anlagen bildeten zusammen mit den Tempelbauten auf dem Forum Romanum ein sakrales Ensemble im Zentrum von Rom, das eng mit der Genese dieser Stadt verknüpft war und deren heiligen Charakter, die urbs sacra, wirkungsvoll in Erscheinung setzte. Die Bedeutung dieser Heiligtümer kommt auch in deren langen Tradition zur Geltung. Waren die Gründungsbauten noch von kleiner Gestalt, so wurden sie im 2. und 1. Jh. v. Chr. monumental ausgebaut und in der Kaiserzeit luxuriös mit Marmor ausgestattet. Vor dem Hintergrund dieser Ergebnisse erstreckte sich das Forum Romanum mit den nördlich anschließenden Bezirken schon in republikanischer Zeit bis zu den Hängen des Quirinals. Demnach war die Talsohle zwischen dem Palatin im Süden und dem Quirinal im Norden in der Antike entschieden breiter als bis heute angenommen wird. Angesichts dieser Deutung wird die von Cicero in den Atticus-Briefen überlieferte Angabe erst verständlich, der die Basilica Aemilia im Zentrum des Forum Romanum lokalisiert (Cic. Att. 4,17,7: „Paulus in medio foro basilicam….“). Die in der

Kaiserzeit erneuerten alten Bezirke instrumentalisierten die Kaiser für ihre eigene Politik. Da die Anlagen als Fora agierten und auch alte Funktionen des Forum Romanum wie die Rechtssprechung übernahmen, wurden sie schon in der Antike als Kaiserfora bezeichnet. Der letzte Kaiser in dieser Reihe war Diocletian, der wie seine berühmten Vorgänger „sein Forum" auf dem Forum errichten ließ (Abb. 67).

Die Monumentalisierung traditioneller Heiligtümer und profaner Luxusbauten fand vor allem im Laufe des 2. Jhs. v. Chr. statt, als Rom die Vormachtstellung in der Welt des Mittelmeers innehatte. Bedingt durch die neue Rolle Roms, die vor allem im wirtschaftlichen und politischen Bereich neue Aufgaben zur Folge hatte und damit verbunden das Bedürfnis nach einer neuen Definition bewirkte, sahen sich die römischen Patrizierfamilien veranlasst, neue Großbauten im Zentrum Roms zu errichten, die die politische, wirtschaftliche und religiöse Dominanz der urbs sacra sichtbar machten.

Glossar

Ädikula: Römischer Kultschrein oder architektonisch gefasste Nische.

Ädil: Römischer Beamter, der ursprünglich als Tempelhüter diente (*aedes* = Tempel). Die Ädilen hatten auch die Aufsicht über öffentliche Straßen, Gebäude, den Marktverkehr und die Kornzufuhr.

Apsis: Bogenförmiger Raumabschluss.

Architrav: Horizontaler Tragbalken einer Säulenordnung.

Atrium: Der zentrale, nach oben offene Hauptraum eines römischen Hauses.

Attika: Wandzone über dem Gebälk einer Säulenordnung oder oberer Wandabschluss einer Fassade.

Aula: Empfangssaal eines römischen Kaiserpalastes oder Mittelschiff einer Basilika.

Basilika: Römischer Hallenbau, mit einem Mittelschiff und umlaufenden Seitenschiffen. Die Basilika diente vor allem als Bank- und Gerichtsgebäude.

Bukranium: Stierschädel.

Calatores: Untergebene der höheren Priester, die fast ausschließlich Freigelassene waren.

Cella: Hauptraum antiker Tempel, in dem das Kultbild stand.

Cipollino: Bunter grüngestreifter Marmor aus Karystos auf Euböa.

Exedra: Eine Raumnische.

Fasti Consulares: Listen mit den Namen und Amtszeiten der römischen Konsuln.

Fasti Triumphales: Listen mit den Namen der römischen Triumphatoren.

Fries: Block zwischen Arditrav und Gesims.

Fulcrum: Das Totenbett, das bei dem Akt der Divinisierung des verstorbenen Kaisers auf dem Forum Romanum zur Schau gestellt wurde.

Geison: Über das Gebälk vorspringendes Dachgesims.

Gesims: Horizontal verlegtes Architekturglied, das eine Wand oder eine Tür oder ein Fenster nach oben abschließt.

Giallo Antico: Gelber Marmor aus Chemtou in Tunesien.

Herrscherkult: Der Brauch der göttlichen Verehrung eines Herrschers stammt aus den alten Kulturen des Ostens und wurde von den hellenistischen Königen übernommen. In Rom wurden die divinisierten Kaiser als Götter verehrt.

Imagines clipeatae: Rundschilde mit Porträts hochrangiger Personen.

Interkolumnium: Der Abstandsraum zwischen zwei Säulen.

Joch: Der Achsabstand von Mittelpunkt zu Mittelpunkt zweier Säulen oder Pfeiler.

Kryptoportikus: Unterirdischer Gang.

Liktoren: Römische Beamte, die höheren Magistraten und Priestern dienten. Sie trugen die Fasces, Rutenbündel mit Richtbeil, als Zeichen der Amtsgewalt römischer Beamter.

Ludi Saeculares: Das von Kaiser Augustus veranlasste Saecularfest für die Zeit vom 30. Mai bis 3. Juni 17 v. Chr. eröffnete das „Goldene Zeitalter", die Aurea Aetas.

Lunensischer Marmor: Weißer, feinkörniger Marmor aus Luni, dem heutigen Carrara. Die Steinbrüche wurden im späten 1. Jh. v. Chr. während der Herrschaft des Kaisers Augustus erschlossen und gingen in kaiserlichen Besitz über.

Maeniana: Erhöhte Terrassen, die an den Langseiten des Forum Romanum verliefen.

Munera: Lateinische Bezeichnung für Gladiatorenkämpfe.

Ops Consiva: Ein Schutzgottheit in Rom, die im Krieg und für Neugeborene angerufen wird.

Opus caementitium: Betonartiges Mauerwerk, das aus Mörtel und beigemischten Steinbrocken besteht.

Opus quadratum: Ein aus rechteckigen Steinblöcken bestehendes Mauerwerk.

Opus sectile: Mosaik aus polygonalen, verschiedenfarbenen Marmorplatten.

Palladion: Standbild der Schutzgottheit einer Stadt.

Paredra: Kultgenossin.

Pavimentum: Lateinische Bezeichnung für den Belag eines Fußbodens.

Pavonazetto: Violetter Stein mit weißen Kalkeinlagerungen aus Kokimeion bei Synnada (Türkei).

Pentelischer Marmor: Weißer kristalliner Marmor aus dem Pentelikon bei Athen.

Peristyl: Ein von Säulenhallen umgebener Hof oder Platz.

Piedestal: Sockel für eine Säule.

Pilaster: Wandpfeiler.

Plinthe: Quadratische Platte unter einer Säulenbasis.

Podiumtempel: Ein auf einem Podium erhöhter Sakralbau, dessen Front über Treppen erreichbar ist.

Polygonales Mauerwerk: Eine aus vieleckigen zugeschnittenen Steinen bestehende Mauer.

Pontifex Maximus: Vorsteher über das gesamte Sakralwesen und zugleich Vorgesetzter des Kollegiums gegenüber Senat und Volk.

Porphyr: Rötlich-violetter oder grünlicher Stein aus Ägypten.

Portikus: Eine Halle mit Säulen.

Praefectus urbi: Hoher römischer Beamter, der in der Kaiserzeit den Kaiser vertrat. Er war

Vorsteher der Polizeiverwaltung und für Aufgaben der Zivil- und Strafgerichtsbarkeit zuständig.

Praetor: Hoher römischer Beamter. Der *Praetor urbanus* war vor allem für die Rechtsprechung in der Stadt zuständig und vertrat die Konsuln während ihrer Abwesenheit in der Stadt. Die Praetoren wurden auch als Statthalter und für militärische Aufgaben eingesetzt.

Pronaos: Die Vorhalle einer Tempelcella.

Propylon: Monumentaler Torbau.

Puteal: Fassung eines Brunnens.

Quadriga: Ein von einem Viergespann gezogener Wagen.

Rex Sacrorum: Römischer Priester des Pontifikalkollegiums, der im *Ordo sacerdotum* an erster Stelle steht. Nach Vertreibung der etruskischen Könige wurde er zum König (*Basileus*), aber ohne militärische oder politische Funktion.

Rostra: Rednerbühne. Die Rostra sind nach den Schiffsschnäbeln der in der Seeschlacht von Antium im Jahr 338 v. Chr. gekaperten Schiffe benannt. G. Maenius ließ sie als Trophäen an der Rednerbühne auf der Westseite des Forumsplatzes anbringen.

Sima: Dachtraufe über dem Geison.

Stützfiguren: Skulpturen, die in ein architektonisches Rahmenwerk eingebunden sind und dabei die Funktion von Säulen übernehmen.

Tabernae: Läden oder kleine Imbisslokale.

Tablinum: Empfangs- und Repräsentationsraum in einem römischen Wohnhaus, der gegenüber dem Hauseingang an der Stirnseite eines Atriums oder Peristyls liegt.

Temenos: Festgelegter und umfriedeter Bezirk eines Heiligtums.

Templum: Ein von den Auguren festgelegter heiliger Bezirk.

Tholos: Rundtempel.

Tonnengewölbe: Gewölbe mit einem halbkreisförmigen Querschnitt.

Travertin: Harter Kalkstein aus den Steinbrüchen bei Tivoli.

Tribunalia: Sitzungsplätze der Gerichte, die im Freien oder auch in einem Bauwerk, vor allem in den Basiliken, sein konnten.

Tuff: Vulkangestein.

Tuffsorten: *Cappelaccio*: In Rom anstehender brüchiger, körniger Tuff von grauer Farbe; *Tuff aus Grotta Oscura*: Graugelber poröser Tuffstein aus den Steinbrüchen bei Veji; *Aniene-Tuff*: Rötlicher, fester Tuff aus den Steinbrüchen des Anienetals bei Tor Cervara; *Peperin*: Fester aschgrauer Tuff aus den Steinbrüchen bei Marino.

Venationes: Veranstaltungen von Tierhatzen in Amphitheatern.

Vestalinnen: Priesterinnen des Vestakults in Rom.

Vestibül: Vorhalle oder Vorraum eines Gebäudes.

Verzeichnis der zitierten Werke antiker Autoren

Aur. Vict. Caes. = Aurelius Victor, Liber de Caesaribus.

Cass. Dio = Cassius Dio.

Cassiod. var. = Cassiodorus, variae.

Cens. = Censorinus, de die natali.

Cic. ac. 2 = Cicero, Lucullus sive Academicorum priorum liber 2.

Cic. Att. = Cicero, Epistulae ad Atticum.

Cic. De orat. = Cicero, De oratore.

Cic. Rab. perd. = Cicero, pro C. Rabirio perduellionis reo.

Cic. Verr. = Cicero, in Verrem actio prima, secunda.

Dion. Hal. = Dionysios v. Halikarnaß, Antiquitates Romanae.

Fest. = Festus.

Ios. Bell. Iud. = Iosephos, bellum Iudaicum.

Liv. = Livius, ab urbe condita.

Ov. trist. = Ovidius, Tristia.

Pers. = Persius, saturnae.

Plin. epist. = Plinius minor, epistulae.

Plin. nat. = Plinius maior naturalis historia.

Plut. C. Gracch. = Plutarch, vitae parallelae, G. Gracchus.

Plut. Rom. = Plutarch, vitae parallelae, Romulus.

Pseudoasc. = Pseudoasconius.

Quint. inst. = Quintilianus, institutio oratoria.

R. Gest. div. Aug. = Res gestae divi Augusti.

Sen. dial. = Seneca, dialogi.

SHA = scriptores historiae Augustae.

Stat. silv. = Statius, silvae.

Suet. Aug. = Suetonius, divus Augustus.

Suet. Cal. = Suetonius, Caligula.

Suet. Tib. = Suetonius, divus Tiberius.

Suet. Dom. = Suetonius, Domitianus.

Tac. ann. = Tacitus, annales.

Tac. hist. = Tacitus, historiae.

Varro De vita pop. Rom = Varro, De vita populi Romani

Varro ling. = Varro, de lingua latina.

Vitr. = Vitruvius, de architectura.

Bibliographie (Auswahl)

Handbücher, Lexika und Überblickswerke

A. Claridge, *Oxford Archaeological Guides Rome* (1998) 61ff.

F. Coarelli, *Rom. Ein archäologischer Führer* (2000) 55ff.

F. Coarelli, *Roma* ³(2003) 53ff.

K. S. Freyberger, *Il foro Romano*, in: H. v. Hesberg – P. Zanker (Hrsg.), *Storia dell'architettura italiana. Monumenti di Roma* (2009) 152ff.

I. Iacopi, *L´Antiquarium Forense* (1974).

G. Lugli, *Roma antica. Il centro monumentale* (1946) 55ff.

G. Lugli, *La tecnica edilizia romana* (1957).

G. Lugli, *Itinerario di Roma Antica* (1970) 209ff.

E. Nash, *Pictorial Dictionary of Ancient Rome I* (1961).

E. Nash, *Pictorial Dictionary of Ancient Rome II* (1962).

S. B. Platner, *A Topographical Dictionary of Ancient Rome* (1965).

L. Richardson, jr., *A New Topographical Dictionary of Ancient Rome* (1992) 170ff.

Soprintendenza Archeologica di Roma, *Das Forum Romanum* (1998).

E. M. Steinby (Hrsg.), *Lexicon Topographicum Urbis Romae 1–6* (1993–2000) mit ausführlichen Literaturangaben.

Gesamtdarstellungen

E. Cella, *Il Foro Romano tra Goti e Bizantini* (2011).

F. Coarelli, *Il Foro Romano I. Periodo Archaico* (1983).

F. Coarelli, *Il Foro Romano II. Periodo Repubblicano e Augusteo* (1985).

L. Friedlaender, *Darstellungen aus der Sittengeschichte Roms I¹⁰* (1922).

L. Haselberger, *Urbem adornare. Die Stadt Rom und ihre Gestaltumwandlung unter Augustus* (2007).

T. Hölscher, *Das Forum Romanum – die monumentale Geschichte Roms*, in: E. Stein-Hölkeskamp – K.-J. Hölkeskamp, *Erinnerungsorte der Antike. Die römische Welt* (2006) 100ff.

Ch. Huelsen, *Das Forum Romanum. Seine Geschichte und seine Denkmäler* (1905).

Th. Kissel, *Das Forum Romanum. Leben im Herzen der Stadt* (2004).

I. Köb, *Rom – ein Stadtzentrum im Wandel. Untersuchungen zur Funktion und Nutzung des Forum Romanum und der Kaiserfora in der Kaiserzeit* (2000).

F. Kolb, *Rom. Die Geschichte der Stadt in der Antike* (1995).

B. Steinmann, R. Nawracala, M. Boss (Hrsg.), *Im Zentrum der Macht:das Forum Romanum im Modell* (2011).

S. Stucchi, *I monumenti della parte meridionale del Foro Romano* (1958).

P. Zanker, *Forum Romanum. Die Neugestaltung durch Augustus* (1972).

P. Zanker, *Augustus und die Macht der Bilder* (1987).

Rom und das Forum in spätantiker Zeit

F. A. Bauer, *Stadt, Platz und Denkmal in der Spätantike* (1990) 7ff.

F. A. Bauer, *BEATITUDO TEMPORUM*, in: F. A. Bauer – N. Zimmermann, *Epochenwandel?* (2001) 75ff.

C. F. Giuliani – P. Verducchi, "Forum Romanum (età tarda)" in: E. M. Steinby (Hrsg.), *Lexicon Topographicum Urbis Romae 2* (1995) 342f.

H. Leppin – H. Ziemssen, *Maxentius. Der letzte Kaiser in Rom* (2007).

P. Liverani, *Osservazioni sui rostri del Foro Romano in età tardo antica*, in: A. Leone – D. Palombi – S. Walker (Hrsg.), *Res Bene Gestae: ricerche di storia urbana su Roma antica in onore di Eva Margareta Steinby* (2007) 169ff.

Zu den Basiliken

F. C. Albertson, *The Basilica Aemilia frieze. Religion and Politics in Late Republican Rome*, in: *Latomus* 49, 1990, 801ff.

A. Allély, *La Basilica Aemilia aux IIe et Ier siècles av. J.-C.: une histoire de famille*, in: É. Deniaux (Hrsg.), *Rome antique: pouvoir des images, images du pouvoir, Actes du colloque de Caen* (30 mars 1996) (2000) 135ff.

A. Appetecchia, *I pavimenti marmorei praticamente inediti della Basilica Iulia e della Basilica Aemilia al foro romano*, in: C. Angelelli – A. Paribeni (Hrsg.), *Atti del XII colloquio dell'associazione italiana per lo studio e la conservazione del mosaico* (Padova, 14–15 e 17 febbraio – Brescia, 16 febbraio 2006) (2007) 221ff.

D. A. Arya, *Il ratto delle Sabine e la guerra romano-sabina*, in: A. Carandini – R. Cappelli (Hrsg.), *ROMA Romolo, Remo e la fondazione della città* (2000) 303ff.

A. Bartoli, *Il fregio figurato della Basilica Emilia*, in: *BdA* 35, 1950, 289ff.

H. Bauer, in: *MDArV 8*, 1977, 87ff.

H. Bauer, *Basilica Aemilia,* in: *Kaiser Augustus und die verlorene Republik. Ausstellungskatalog Berlin 1988* (1988) 200ff.

R. Cappelli, *La leggenda di Enea nel racconto figurato degli Aemilii*, in: Ostraka 2, 1993, 57ff.

G. Carettoni – L. Fabbrini, *Esplorazione sotto la Basilica Giulia al Foro Romano*, in: *Mem Linc*, 16, 1961, 53ff.

G. Carettoni, *Il fregio figurato della Basilica Emilia*, in: *RIA* 10, 1961, 5ff.

E. B. van Deman, *The Porticus of Gaius and Lucius*, in: *AJA* 17, 1913, 14ff.

C. Ertel – K. S. Freyberger – J. Lipps – T. Bitterer, *Nuove indagine sulla Basilica Aemilia nel Foro Romano: storia architettonica, funzione e significato*, in: *ArchClass* 58, 2007, 109ff.

L. Fabbrini, *Un acroterio di Vittoria rinvenuto nella Basilica Iulia*, in: *BCom* 78, 1961/62, 37ff.

K. S. Freyberger – C. Ertel – J. Lipps – T. Bitterer, *Neue Forschungen zur Basilica Aemilia auf dem Forum Romanum*, in: *RM* 113, 2007, 493ff.

K. S. Freyberger, *Le basiliche*, in: H. v. Hesberg – P. Zanker (Hrsg.), *Storia dell'architettura italiana. Monumenti di Roma (2009) 164ff.*

K. S. Freyberger, *La basilica Emilia. Un edificio di lusso al centro dell'Urbs. – The Basilica Aemilia. A Luxurious Building in the Center of the Urbs*, in: M. A. Tomei (Hrsg.), *memorie di roma – memories of rome* (2010) 16ff.

G. Fuchs, *Zur Baugeschichte der Basilica Aemilia in republikanischer Zeit*, in: *RM* 63, 1956, 14ff.

H. Furuhagen *Some Remarks on the Sculptured Frieze of the Basilica Aemilia in Rome*, in: OpRom 3, 1961, 139ff.

M. Gaggiotti, *Atrium Regium – Basilica (Aemilia): una insospettata continuità storica e una chiave ideologica per la soluzione del problema dell'origine della basilica*, in: *AnalRom* 14, 1985, 53ff.

M. Gaggiotti, *Plauto, Livio, La più antica Basilica" del Foro Romano e la politica edilizia degli Aemilii*, in: *Roma, Archeologia nel centro I* (1985) 56ff.

M. Gaggiotti, *Origine sviluppo e „continuità" della basilica romana*, in: *AnnPerugia* 31, 1993/1995, 273ff.

N. Kampen, *Reliefs of the Basilica Aemilia. A Redating*, in: *Klio* 73, 1991, 448ff.

P. Kränzle, *Die zeitliche und ikonographische Stellung des Frieses der Basilica Aemilia* (1991).

H. Lauter, *Zwei Bemerkungen zur Basilica Iulia,* in: *RM* 89, 1982, 447ff.

T. Mattern, *Die Bauphasen der frühkaiserzeitlichen Basilica Aemilia*, in: *Boreas* 20, 1997, 33ff.

M. E. Micheli, *Un nuovo frammento con Enea*, in: *Xenia* 13, 1987, 25ff.

Ch. Morselli – E. Tortorici, *Foro Romano: Scavi nell'area retrostante la Curia e la Basilica Emilia, in: ArchLaz* 9, 1988, 44ff.

A. Nünnerich-Asmus, Basilika und Portikus (1994).

L. Richardson, JR., Basilica Fulvia, Modo Aemilia, in: *Studies in Classical Art and Archaeology. A Tribute to Peter Heinrich von Blanckenhagen* (1979) 209ff.

E. M. Steinby, Il lato orientale del Foro Romano. Proposte di lettura, in: *Arctos* 21, 1987, 139ff.

T. P. Wiseman, *Rome and the Resplendent Aemilii*, in: H. D. Jocelyn – H. Hurt (Hrsg.), *Tria lustra, Essays presented to J. Pinsent, Liverpool Classical Papers 3* (1993) 106ff.

Comitium

C. M. Amici, *Evoluzione architettonica del Comizio a Roma, in: RendPontAc 77*, 2004-2005, 351ff.

A. J. Ammermann, *The Comitium in Rome from the Beginning*, in: *AJA* 100, 1996, 121ff.

P. Carafa, *Il Comizio di Roma dalle origine all'Età di Augusto* (1998).

F. Coarelli, *Il Comizio dalle origini alla fine della Repubblica*, in: *PP* 32, 1977, 166ff.

Ch. Huelsen, *Das Comitium und seine Denkmäler in der republikanischen Zeit*, in: *RM* 8, 1893, 79ff.

G. Krause, *Zur baulichen Gestalt des republikanischen Comitiums*, in: *RM* 83, 1976, 31ff.

P. Romanelli, *Ricerche intorno ai monumenti del Niger Lapis al Foro Romano*, in: *MonAnt* 52, 1984, 1ff.

Curia

A. Bartoli, *Curia Senatus* (1963).

G. L. Crassigli, *La Curia nei progetti urbanistici di Silla, Pompeo e Cesare. Architettura e lotta politica a Roma nel I secolo a. C.,* in: *Palladio,* n.s. 4, 1991, 35ff.

A. Fraschetti, *L'atrium Minervae in epoca tardoantica,* in: *OpuscFin* 1, 1981, 25ff.

F. Zevi, *Il Calcidico della Curia Iulia,* in: *RendLinc* 26, 1971, 237ff.

Bogenmonumente

J. Arce – J. Sanchez Palencia – R. Mar, *Monumento junto al arco di Tito en el Foro Romano,* in: *AEspA* 62, 1989, 307ff.

Ch. Brian Rose, *The Parthians in Augustan Rome,* in: *AJA* 109, 2005, 21ff.

R. Brilliant, *The arch of Septimius Severus in the Roman Forum (MemAmAc 29)* (1967).

A. Degrassi, *L'edificio dei Fasti Capitolini,* in: *RendPontAc* 21, 1945/46, 57ff.

M. Pfanner, *Der Titusbogen* (1983).

Ch. Huelsen, *Zu den römischen Ehrenbogen,* in: *Festschrift O. Hirschfeld* (1903) 423ff.

E. Nedergaard, *Zur Problematik der Augustusbögen auf dem Forum Romanum,* in: *Kaiser Augustus und die verlorene Republik. Ausstellungskatalog Berlin* (1988) 224ff.

E. Nedergaard, *Nuove indagini sull'Arco di Augusto nel Foro Romano,* in: *ArchLaz* 9, 1988, 37ff.

E. Nedergaard, *La collocazione originaria die Fasti Capitolini e gli archi di Augusto nel foro Romano,* in: *BCom* 96, 1994/95, 33ff.

A. Nünnerich-Asmus, Basilika und Portikus (1994).

M. Roehmer, *Der Bogen als Staatsmonument. Zur politischen Bedeutung der römischen Ehrenbögen des 1. Jhs. n. Chr.* (1997).

Ehrenstatuen

G. Lahusen, *Untersuchungen zur Ehrenstatue in Rom. Literarische und epigraphische Zeugnisse* (1983).

Tabularium

P. Mazzei, *Tabularium - Aerarium nelle fonti letterarie ed epigrafiche,* in: *MemLinc* 2009, 275-377.

Heiligtümer und religiöses Leben

Tempel des Saturn

E. Gjerstad, *The Temple of Saturn in Rome,* in: *Hommage à A. Grenier* (1962) 757ff.

P. Pensabene, *Tempio di Saturno* (1984).

Umbilicus Urbis (Mundus)

F. Calisti, Il Mundus, *l'Umbilicus e il simbolismo del centro a Roma, in: StMatStor-Rel,* 31, 2007, 51-77.

F. Coarelli, *Ara Saturni, Mundus, Senaculum. La parte occidentale del Foro in età archaica,* in: *DArch* 9/10, 1976/77, 346ff.

M. Verzár, *L'Umbilicus Urbis. Il mundus in età tardo-repubblicana,* in: *DArch* 9/10, 1976/77, 378ff.

„Portikus der einträchtigen Götter"

G. Nieddu, *Il portico degli dèi Consenti,* in *BdA* 71, 1986, 37ff.

Tempel des Divus Vespasianus

S. De Angeli, *Templum Divi Vespasiani* (1992).

Tempel der Concordia

C. Gasparri, *Aedes Concordiae Augustae* (1979).

G. Hafner, *Aedes Concordiae et Basilica Opimia,* in: AA 1984, 591ff.

B. A. Kellum, *The City Adorned. Programmatic Display at the Aedes Concordiae Augustae between Republic and Empire* (1990) 276ff.

C. J. Simpson, *Livia and the Constitution of the Aedes Concordiae,* in: *Historia* 40, 1991, 449ff.

Tempel des Iuppiter Stator

G. Fasella, *Il cosiddetto tempio di Giove Statore al Foro Romano. Studio preliminare*, in: *Italica* 8, 1990, 135ff.

A. Ziolkowski, *The Sacra Via and the Temple of Juppiter Stator,* in: *OpRom* 17, 1989, 225ff.

Regia

F. E. Brown, *The Regia,* in: *MemAmAc* 12, 1933, 57ff.

F. E. Brown, *La protostoria della Regia,* in: *Rend PontAc* 47, 1974/75, 15ff.

S. B. Downey, *Architectural Terracottas from the Regia* (1995).

R. T. Scott, *Regia-Vesta,* in: *ArchLaz* 9, 1988, 18ff.

R. T. Scott, *The area sacra of Vesta 1990,* in: *RTopAnt* 1, 1991, 163ff.

F. Zevi, *L'atrium regium,* in: *ArchCl* 43, 1991, 475ff.

Tempel der Vesta und Haus der Vestalinnen

N. Arvantis (Hrsg.), *Il santuario di Vesta: la casa delle vestali di Vesta; VIII sec. A.C. – 64 D.C.* (2010).

R. Cappelli, *I templi e il culto di Vesta nella numismatica,* in: *La numismatica marzo* 1986, 1ff

F. Caprioli, *Vesta aeterna: l'Aedes Vestae e la sua decorazione architettonica* (2007).

G. Carettoni, *La Domus virginum vestalium e la domus publica del periodo repubblicano,* in: *Rend PontAc* 51/52, 1978–1980, 325ff.

E. B. van Deman, *The Atrium Vestae* (1909).

N. Mekacher, *Die vestalischen Jungfrauen in der römischen Kaiserzeit* (2006).

R. T. Scott, *The Later History of the "Domus delle Vestali"* in: A. Leone – D. Palombi –
S. Walker (Hrsg.), *Res Bene Gestae: ricerche di storia urbana su Roma antica in onore
di Eva Margareta Steinby* (2007) 397ff.

Tempel des Antoninus Pius und der Faustina

P. Pensabene, *Programmi decorativi e architettura del tempio di Antonino e Faustina*,
in:*Scritti di antichità in memoria di S. Stucchi* 2 (1996) 239ff.

Tempel des Divus Iulius

M. Monagna Pasquinucci, *La Decorazione Architettonica del Tempio del Divo Giulio nel
Foro Romano*, in: *Monumenti antichi. Accademia nazionale dei Lincei* 48 (1973) 1ff.

M. Montagna Pasquinucci, *L'"Altare" del tempio del divo Giulio*, in: *Athenaeum* 52, 1974,
144ff.

Tempel der Dioskuren

D. E. Strong – J. B. Ward Perkins, *The Tempel of Castor in the Forum Romanum*, in: *BSR*
30, 1962, 1ff.

I. Nielsen – B. Poulsen (Hrsg.), *The Tempel of Castor and Pollux* (1992).

S. Sande – J. Zahle, *Der Tempel der Dioskuren auf dem Forum Romanum*, in: *Kaiser Augustus und die verlorene Republik. Ausstellungskatalog Berlin 1988* (1988) 213ff.

S. Sande – J. Zahle (Hrsg.), *The Temple of Castor and Pollux II. The Augustan Temple*
(2010).

Lacus Iuturnae

G. Boni, *Il sacrario di Giuturna*, in: *NSc* 1901, 41ff.

E. M. Steinby (Hrsg.), *Lacus Iuturnae* I, 1 (1989).

Lapis Niger

S. Battaglini, *Il complesso del Niger lapis nella storia della prima Roma: note sull'iscrizione
e i monumenti* (2009).

A. Porretta, *La polemica sul „lapis niger"*, in: *Acme* 58,3, 2005, 79ff.

Puteal Scribonianum

A. Grüner, *Eine unbekannte Kultstätte des Apoll auf dem Forum Romanum: das Puteal
Scribonianum und die Satire I 9 des Horaz*, in: *Utopica, Dona sunt pulcherrima. Festschrift für Rudolf Rieks* (2008), 113ff.

„Tempel des Romulus" und Velia

R. Castagnoli, *Aedes deum Penatium in Velia*, in: *RFil* 110, 1982, 495ff.

F. Coarelli, *L'urbs e il suburbio*, in: A. Giardina (Hrsg.), *Società romana e impero tardoan-
tico II* (1986) 1ff.

F. Coarelli, *L'area tra Velia e Carinae: un tentativo di ricostruzione topografica, Roma. Città e Foro* (1989) 341ff.

A. M. Colini, *Considerazioni sulla Velia da Nerone in poi, in: Città e architettura nella Roma imperiale*, in: *AnalRom Suppl.* 10 (1983) 129ff.

M. Dondin-Payre, *Topographie et propagande gentilice. Le „compitum Acilium" et l'origine des Acilii Glabriones*, in: *L'Urbs. Espace urbain et histoire* (1987) 87ff.

A. Dubourdieu, *Les origines et le développement du culte des Penates à Rome* (1989).

G. Flaccomio – E. Talamo – L. Lupi u. a., *Il Tempio di Romolo al Foro Romano* (1981).

L. Luschi, *L'iconografia dell'edificio rotondo nella monetazione massenziana e il „tempio del Divo Romolo"*, in: *BCom* 89, 1984, 41ff.

D. Palombi, *Tra Palatino ed Esquilino* (1997).

D. Palombi, *Aedes deum Penatium in Velia. Note di topografia e storia*, in: *RM* 104, 1997, 435ff.

G. Pisani Sartorio, *Una domus sotto il giardino del Pio Istituto Rivaldi*, in: *AnalRom Suppl.* 10 (1983) 147ff.

N. Terrenato, *Velia and Carinae. Some Observations on an Area of Archaic Rome*, in: *Papers of the Fourth Conference of Italian Archaeology* 3/4 (1992) 31ff.

F. Zevi, *Note sulla leggenda di Enea in Italia*, in: *Gli Etruschi a Roma, Incontro di studio in onore di M. Pallottino* (1981) 145ff.

Tempel der Venus und Roma

A. Barattolo, *Nuove ricerche sull'architettura del Tempio di Venere e Roma in età adrianea*, in: *RM* 80, 1973, 243ff.

W. Burkert, *Perikles von Mylasa, Architekt des Tempels der Venus und Roma?* in: *Kotinos, Festschrift E. Simon* (1992) 415ff.

M. L. Morricone, *Edificio sotto il tempio di Venere e Roma*, in: *Studi per Laura Breglia*, 3 (1987) 69ff.

S. Panella, *Scavo nella platea del tempio di Venere e Roma*, in *Roma. Archeologia nel centro I* (1985) 106ff.

A. Ranaldi, *La decorazione architettonica interna del tempio di Venere e Roma; una ipotesi di ricostruzione*, in: *Quaderni dell'Istituto di Storia dell'Architettura* 8, 1989, 3ff.

A. Cassatella – S. Panella, *Restituzione dell'impianto adrianeo del tempio di Venere e Roma*, in: *Archeologia Laziale* 10, 1990, 52ff.

Via Sacra

S. Buranelli Le Pera – L. D'Elia, *Sacra via. Note topografiche*, in: *BCom* 91, 1986, 241ff.

A. Cassatella, *Il tratto orientale della Via Sacra*, in: *Roma. Archeologia nel centro I* (1985).

E. Castagnoli, *„Ibam forte Via Sacra"*, in: *Topografia romana. Ricerche e discussioni* (1988) 99ff.

E. B. van Deman – A. G. Clay, *The Sacra via of Nero*, in: *MemAmAc* 5, 1925, 115ff.

D. Palombi, *Contributo alla topografia della Via Sacra dagli appunti inediti di Giacomo Boni*, in: *Topografia romana. Ricerche e discussioni* (1988) 77ff.

D. Palombi, *Gli „horrea" della Via Sacra: dagli appunti di G. Boni ad una ipotesi su Nerone*, in: *DArch s.* 3, 8, 1990, 53ff.

Volcanal

G. Breyer, *Ad Volcanum deum Volcanalque, in: Italo-Tusco-Romana: Festschrift für Luciana Aigner-Foresti zum 70. Geburtstag am 30. Juli 2006* (2006) 73ff.

Zentraler Forumsplatz

G. Carettoni, *Le gallerie ipogee del Foro Romano e i ludi gladiatori forensi*, in: *BCom* 76, 1956–58, 23ff.

F. Coarelli, *L'edilizia pubblica a Roma in età tetrarchica*, in: *The Transformation of Urbs Roma in Late Antiquity, JRA Suppl.* 33 (1999) 23ff.

E. B. van Deman, *The Sullan Forum*, in: *JRS* 12, 1922, 1ff.

C. F. Giuliani – P. Verduchi, *L'area centrale del Foro Romano* (1987).

H. Kähler, *Das Fünfsäulendenkmal für die Tetrarchen auf dem Forum Romanum* (1964).

H. Wrede, *Der „genius populi Romani" und das Fünfsäulendenkmal der Tetrarchen auf dem Forum Romanum*, in: *BJb* 181, 1981, 111ff.

Nutzbauten

E. Astolfi – E. Guidobaldi – A. Pronti, *Horrea Agrippiana*, in: *ArchCl* 30, 1978, 31ff.

H. Bauer, *Horrea Agrippiana*, in: *ArchCl* 30, 1978, 132ff.

H. Hurst, *Nuovi scavi nell'area di Santa Maria Antiqua*, in: *ArchLaz* 9, 1988, 13ff.

D. Fiswick, *On the temple of Divus Augustus*, in: *Phoenix* 46, 1992, 232ff.

Gerichtswesen

J. M. David, *Le tribunal dans la basilique; evolution fonctionelle et symbolique de la république à l'empire,* in: *Architecture et société de l'archaisme Grec à la fin de la république Romaine. Actes du colloque Rome* 1980 (1983).

M. Kaser, *Römische Rechtsgeschichte³* (1982).

M. Kaser, *Das römische Zivilprozeßrecht²* HAW 10, 3, 4 (1996).

L. Richardson Jr., *The Tribunals of the Praetors of Rome*, in: *RM* 80, 1973, 219ff.

E. Welin, *Studien zur Topographie des Forum Romanum* (1953).

Handel und Geschäfte

J. Andreau, in: *L'Urbs, Espace urbain et histoire. Actes du colloque Rome* (1987) 157ff.

S. Balbi De Caro, *La banca a Roma. Vita e costumi dei Romani antichi* 8 (1989).

Politischer Alltag

J. Ch. Balty, *Curia Ordinis* (1991).

M. Bonnefond-Coudry, *Le sénat de la république Romaine de la guerre d'Hannibal à Auguste*, in: *BEFAR* 273 (1989).

C. Döbler, *Politische Agitation und Öffentlichkeit in der späten Republik* (1999).

G. Stouder, Création de l'espace diplomatique à Rome à l'époque médio-républicaine, in: Veleia: revista de prehistoria, historia antigua, arqueología y filología clásicas 26, 2009, 173ff.

L. R. Taylor – R. T. Scott, Seating Space in the Roman Senate and the Senatores Pedarii, in: TAPA 100, 1969, 529ff.

L. R. Taylor, Roman Voting Assemblies (1966)

R. B. Ulrich, The Roman Orator and the Sacred Stage – The Roman Templum Rostratum (1994).

Begräbniszeremonien

G. Wesch-Klein, *Funus publicum* (1993).

P. Zanker, *Die Apotheose der römischen Kaiser: Ritual und städtische Bühne* (2004).

Verwaltung

W. Eck, *Die staatliche Organisation Italiens in der hohen Kaiserzeit* (1979).

W. Eck, *Die Verwaltung des römischen Reiches in der hohen Kaiserzeit, Arbeiten zur römischen Epigraphik und Altertumskunde I* (1995).

Epigraphische Zeugnisse

L. Chioffi, *Gli Elogia Augustei del Foro Romano* (1996).

A. Degrassi, *Inscriptiones Italiae XIII 3. Elogia* (1937) Nr. 1–59.

L. Chioffi, in: S. Panciera (Hrsg.), *Iscrizioni greche e latine del Foro Romano e del Palatino* (1996).

Bildnachweis

Frontispiz: Foto Behrens, D-DAI-ROM-2008.2521.

Abb. 1: modifizierter Plan nach Coarelli (2000) 56f.; Umzeichnung A. Darwish.

Abb. 2–6, 8–12, 14, 18–22, 24, 25, 27, 32, 34–36, 39ab, 43, 46–49, 51, 54–56, 58–62, 65, 66, 68, 70–74, 76, 78, 79, 81, 82: Foto Behrens. D-DAI-ROM- 2008.2409; 2007.2746; 2008.2411; 2008.2412; 2008.2303; 2008.2298; 2008.2290; 2008.2313; 2008.2301; 2008.2395; 2008.2343; 2008.2396; 2008.2416; 2008.2397; 2008.2398; 2008.2341; 2008.2399; 2008.2418; 2008.2400; 2007.0759; 2008.2421; 2008.2402; 2007.7216; 2008.2261; 2008.2351; 2008.2207; 2008.2209; 2008.2312; 2007.7458; 2007.2738; 2007.2270; 2008.2374; 2007.0757; 2008.2232; 2008.2234; 2008.2403; 2008.2248; 2008.2256; 2008.2216; 2008.2404; 2008.2405; 2008.2406; 2008.2317; 2008.2266; 2008.2269; 2008.2274; 2008.2270; 2008.2594; 2008.2561; 2008.2586; 2008.2562; 2007.5855; 2007.1401; 2007.1416; 2007.7213; 2008.2308; 2008.2407; 2008.2408; 2008.2608; 2008.2324; 2011.2718; 2011.2719.

Abb. 7: Plan nach Coarelli (2000) 69; Umzeichnung J. Telemann.

Abb. 13: Aufnahme und Zeichnung H. Behrens, Ch. Ertel. D-DAI-ROM-Z-2011.2684.

Abb. 15: Plan nach LTUR I (1993) 469 Abb. 182; Umzeichnung J. Telemann.

Abb. 16: modifizierter Plan nach Das Forum Romanum (1998) 5 Abb. 3; Umzeichnung J. Telemann.

Abb. 17: Plan nach LTUR I (1993) 469 Abb. 181; Umzeichnung J. Telemann.

Abb. 23 a–c: Rekonstruktion und Zeichnung: C. Ertel; Umzeichnung J. Telemann.

Abb. 26: Rekonstruktion und Zeichnung: C. Ertel; Umzeichnung J. Telemann.

Abb. 28: Reproduktion nach Fuchs (1969) Taf. 3, 35.

Abb. 29a–d: Reproduktionen nach Fuchs (1969) Taf. 15, 148–151.

Abb. 30: Plan nach Coarelli II (1985) 228 Abb. 41; Umzeichnung J. Telemann.

Abb. 31: Plan nach Das Forum Romanum (1998) 35 Abb. 32; Umzeichnung J. Telemann.

Abb. 33: Rekonstruktion und Zeichnung: C. Ertel.

Abb. 37: Plan nach LTUR I (1993) 408 Abb. 93; Umzeichnung J. Telemann.

Abb. 38: Rekonstruktion und Zeichnung: C. Ertel.

Abb. 39c: Reproduktion nach Zanker (1987) 43 Abb. 26.

Abb. 40: Reproduktion nach Zanker (1987) 50 Abb. 32 b.

Abb. 41: Reproduktion nach Zanker (1987) 49 Abb. 31 a.

Abb. 42: modifizierter Plan nach Zanker (1972) 47 Plan 4; Umzeichnung J. Telemann.

Abb. 44: Plan nach Nash I (1961) 93 Abb. 94; Umzeichnung J. Telemann.

Abb. 45: Reproduktion nach Coarelli II (1985) 280 Abb. 75.

Abb. 50: Aufnahme und Vermessung: Th. Wunderlich – K. Schnädelbach, Institut für Geodäsie der TU München.

Abb. 52: Reproduktion nach Nash I (1961) 176 Abb. 191.

Abb. 53: Rekonstruktion und Zeichnung: C. Ertel.

Abb. 57: Plan nach Coarelli (2000) 97; Umzeichnung J. Telemann.

Abb. 63: Plan nach LTUR III (1996) 394 Abb. 25; Umzeichnung J. Telemann.

Abb. 64: modifizierter Plan nach Zanker (1972) 53 Plan 7; Umzeichnung J. Telemann.

Abb. 67: Zeichnung nach LTUR II (1995) 485 Abb. 159; Umzeichnung A. Darwish.

Abb. 69: Plan nach Coarelli (2000) 69; Umzeichnung J. Telemann.

Abb. 75a: Plan nach Leppin – Ziemssen (2007) 87 Abb. 53; Umzeichnung J. Telemann

Abb. 75b: Aufriss nach Hülsen (1926) 59 Abb. 25; Umzeichnung A. Darwish.

Abb. 77: Plan nach Leppin – Ziemssen 78 (2007) Abb. 45; Umzeichnung J. Telemann.

Abb. 80: Aufnahme und Zeichnung Ch. Ertel nach Plänen bei Freyberger 2009, Abb. 1, und Coarelli 2000, 114-115. D-DAI-ROM-Z-2011.2675.

Digitale Bildbearbeitung: H. Behrens – D. Gauss.

Klaus Stefan Freyberger
Deutsches Archäologisches Institut
Via Curtatone 4d
I-00185 Rom